泛在学习视域下的实践教学创新模式研究

杨保海 著

航空工业出版社
北京

内容摘要

本书部分内容来源于江西省教育科学“十三五”规划课题（编号 16YB146）：“基于微博平台泛在学习视域下的实践教学创新模式研究”的研究成果。通过对泛在学习和实践教学的解析和相关的研讨，以实践教学创新为切入点，将泛在学习引入实践教学领域，进而对泛在学习下实践教学创新模式进行深刻的阐释。首先，对泛在学习和实践教学的相关理论知识以及二者的发展现状等问题进行系统介绍；然后通过对泛在学习下的实践教学资源、实践教学体系等相关的知识进行总结和解释，并对泛在学习促进实践教学创新模式方面进行详细的论述，包括其宗旨目标、实现条件、效果评价等多方面；最后，通过对微博在泛在学习视角下实践教学中的作用进行分析，以便读者更好的理解泛在学习下实践教学创新模式。

图书在版编目（CIP）数据

泛在学习视域下的实践教学创新模式研究 / 杨保海著. -- 北京 : 航空工业出版社, 2017.12

ISBN 978-7-5165-1429-0

Ⅰ. ①泛… Ⅱ. ①杨… Ⅲ. ①高等学校－教学研究 Ⅳ. ①G642.0

中国版本图书馆 CIP 数据核字(2017)第 304667 号

泛在学习视域下的实践教学创新模式研究

Fanzai Xuexi Shiyuxia De Shijian Jiaoxue Chuangxin Moshi Yanjiu

航空工业出版社出版发行

（北京市朝阳区北苑 2 号院　100012）

发行部电话：010-84936597　010-84936343

廊坊市国彩印刷有限公司印刷　全国各地新华书店经售

2019 年 1 月第 1 版　2019 年 1 月第 1 次印刷

开本：710×1000　1/16　印张：8.5　字数：110 千字

印数：1-1000　定价：38.00 元

前 言

实践教学是高校培养人才过程中不可或缺的重要部分，是教学环节中不可分割的重要一环。实践教学是巩固理论知识和加深对理论认识的有效途径，是培养具有创新意识的高素质人才的重要环节，是理论结合实际、培养学生掌握科学方法以及提高学生动手能力的重要平台。是学生提高素养、树立正确的价值观的重要途径。泛在学习则是随着信息技术发展而产生的一种较新的学习方式，即无时无刻地沟通，无处不在地学习，是一种任何人在任何地方、任何时刻获取所需任何信息的方式。它代表了学习技术和学习理论发展的一种趋势，是信息化教育的扩展和深化。

本书部分内容来源于江西省教育科学“十三五”规划课题(编号 16YB146)：“基于微博平台泛在学习视域下的实践教学创新模式研究”的研究成果。通过对泛在学习和实践教学的解析和相关的研讨，以实践教学创新为切入点，将泛在学习引入实践教学领域，进而对泛在学习下实践教学创新模式进行深刻地阐释。首先，对泛在学习和实践教学的相关理论知识以及二者的发展现状等问题进行系统介绍；然后通过对泛在学习下的实践教学资源、实践教学体系等相关的知识进行总结和解释，并对泛在学习促进实践教学创新模式方面进行详细地论述，包括其宗旨目标、实现条件、效果评价等多方面；最后，通过对微博在泛在学习视角下实践教学中的作用进行分析，以便读者更好的理解泛在学习下实践教学创新模式。

本书由九江学院电子工程学院杨保海所著，在编著本书的过程中，查阅了大量的相关文献，在此对相关文献作者表示感谢，由于笔者时间和精力有限，书中难免会有不妥之处，敬请广大读者和各位同行批评指正。

目 录

第一章 泛在学习概述

第一节 泛在学习概念

一、泛在学习理论基础

（一）情境认知学习理论

情境认知学习理论主要强调的是：学习者最好在真实的情景中，知识和概念通过社会化的运用才能够得到充分的理解。泛在学习为情境认知学习提供了技术支持，情境认知学习为泛在学习提供了理论支持。

（二）行为主义学习理论

行为主义学习理论在泛在学习中采用一种将信息从学习辅助设备传递到学习者的模型，利用普适计算设备提出的刺激，由学习者提出解决方案，并由系统进行反馈和强化。所以，行为主义学习理论被归纳为了泛在学习的理论基础。

（三）认知主义学习理论

认知主义学习理论在泛在学习的设计中注重学习环境和教学的策略设计、学习内容和学习者的特征分析，并把重点放在教学组织策略上。从这个角度看，认知主义学习理论也可作为泛在学习的理论基础。

（四）后现代主义学习理论

后现代主义更具有包容性和开放性，使得不同文化背景下的学习者都能以不同的方式、以最大的限度去享受学习资源。泛在学习的“隐匿性技术环境”与后现代主义的批判理性主义的思想相一致，从这种意义上来说，后现代主义学习理论是泛在学习的理论基础。

（五）建构主义学习理论

建构主义学习理论是以学习者为中心，学习者因此更具有兴趣和动机来学习知识。泛在学习设备的计算与信息管理功能，更好地促进了知识的建构和问题的解决。所以，泛在学习设备是建构主义学习理论的最好应用场所，而建构主义学习理论也对泛在学习的发展具有重要的指导意义。

（六）联通主义学习理论

联通主义学习理论是连接专门节点和信息源的过程。联通主义的起点是个人，个人的知识是一个网络，而这个网络又被放入其他的知识网络，这种高度网络化的知识系统，使得人们获得知识的途径大大增加。这种共享的方式为泛在学习提供了丰富的学习资源库，因此，联通主义学习理论也是泛在学习必不可少的理论基础。

二、泛在学习的定义及内涵

泛在学习是指任何人，在任何地方，任何时间，利用随手可得的学习设备，以自己的方式获取自己所需的学习信息与学习支持，不会因为外界环境的变化影响人们接受新的知识及事物。同时，北京大学教授余胜泉老师明确了泛在学习的五个典型特征：情境性、社会性、非正式性、连接性以及适应性。泛在学习的情境性：重视情境对学习的影响，认为学习者只有在有意义有价值的情境中，才能够学会将知识进行情景化应用，并理解和识别不同情境下知识的表现，灵活地解决生活中的实际问题；泛在学习的社会性是学习的一种本质属性，是学习者参与共享社会认知网络的过程，也是个体构建认知网络的过程。在社会网络中，个体与环境的相互作用是形成能力和社会化的必经之道；泛在学习的非正式性主要是基于学习者自身的需求的，使人们能获得诸多能力以及应用到实践当中去的知识和技能，它是因时、因地、随需发生的，是一种自我导向的过程，是一个适量学习的过程，在学习者最需要的时候为他们提供相关的知识信息，而不论他们处在什么样的场所；泛在学习的连接性是指个人的知识组成了内部的认知网络，个人和其他学习者学习空间中的情境问题共同构成了社会认知网络。在学习者相互交换情境问题的过程中，既完善并改进了个人认知网络，与此同时，也分享和构建了社会认知网络；泛在学习的适应性则是在偌大的学习资源库中，当我们需要某个领域的知识时，它会在合适的时间，以合适的方式提供合适的信息，来满足我们的需求。

三、泛在学习概念内涵

2001 年，“New Research Challenges for Technology Supported Learning” 的开放会议（由欧洲委员会的 IST 项目创办）的最终报告中提到：U-learning 不是一个统一的概念，它涉及了许多问题，这些问题的关系是不容易理解的，并且有一个短语更能体现泛在学习的概念和特点，即“学习作为一种生存的方式（Learning as a way of being）”。

赵海兰，2007 年指出“U-learning 是通过进一步发展的信息通讯技术，改变 E-learning 所具有的局限性，欲创造出不受时空限制的、创意性的、高度自主的、以学习者为中心的崭新的教育环境”。

丁钢教授提出“u-learning 确切地说，应该是 mobile-Learning，即行动学习的统一体。即为 e-Learning 加入行动的元素，可称为无所不在的行动学习（ubiquitous-mobile-learning）”。

我国南宋著名理学家朱熹曾经说过：“无一事而不学，无一时而不学，无一处而不学，成功之路也。”这是一种学习理念，也是历史上泛在式学习的最早表述。

可见，国内外学术界对泛在学习有许多定义，但尚无一个公认的说法。就目前而言，我国学者普遍接受和使用的概念是在 2007 年，《中国电化教育》杂志做的两次关于“1∶1 数字化学习” 的专题，其中提到的。即泛在学习是一种任何人（anyone）可以在任何地方（anywhere）、任何时刻（anytime）获取所需的任何信息（anything）的学习方式。

第二节 泛在学习的发展

一、泛在学习理念的起源与发展

“泛在学习”的英文表达是“Ubiquitous Learning”，也就是我们常说的

“U-learning”。泛在学习一词起源于“泛在计算”。马克·威瑟是泛在计算之父，1988 年其在施乐公司（xerox）的帕洛阿尔托研究中心的计算机科学实验室第一次对泛在计算进行了描述：“为每个办公室每个人提供成百上千的无线计算设备。这对操作系统提出了新要求，用户界面，网络，无线，显示以及其他许多方面。我们称我们的工作为“泛在计算”，它不同于个人数字助理（PDA），便携式笔记本电脑（Dynabooks）或是掌上电脑信息。它是不可见的，是一种无处不在的计算并且不依赖于任何形式的人工设备。”他在《The Computer for the 21st Century》一文中进一步进行了说明：“最精深的技术是那些消失的技术”，“机器去适应人类的环境而不是强迫人类进入机器的环境。这使得计算机的使用就如同林间漫步一样轻松”。

随着信息技术的发展以及其在教育领域的应用，教育领域也开始对泛在学习进行研究和应用。世界许多国家都对 U-learning 进行过深入研究和实践。

美国哈佛大学的“促进泛在学习的无线手持设备”（HDUL）项目。HDUL 研究证明了无线手持设备是十分有用的“便携式研究助手”和“在线学习的旅游通道”。让使用者能够通过各种专为形成性评价和总结性评价设计的教育软件包来获取使用者的学习情况。在面对面，全班参与的讨论过程中实时地保留并存档学习者的观点。在现场进行调查，然后聚集需要分析的全班数据，通过利用菜单驱动界面的探测器和计算软件来记录和分析实时数据，以及数字化地记录面谈和捕捉数字图像。

Schrier 在麻省理工学院的研究——“重温革命”（Reliving the Revolution，RtR）项目，研究了无线手持设备在支持教学方面的多种功能和潜力。使用无线手持设备的模型来教授历史调查、有效协作、制定决策、媒体流畅度、批评思维等诸多技能。支持学习风格上有协作、真实性、角色扮演、移动性以及自我导向的学习。

麻省理工学院（MIT）的“没有围墙的博物馆”项目（Museum Without Walls，MWOW）是一个五年计划，于 2011 年建立一个 MWOW 系统。该项目是一个创新的、基于位置的（location-based）、讲故事型（storytelling）的研究项目。它将历史和科学放在人们的手中，并将整个世界变成了一个博物馆。项目想要通过鼓励人们探索其周围的环境，来发现 MIT 风景中隐藏着的非同寻常之处，并希望将 MIT 呈现为一个动态的博物馆，其中的“展品”由大家一起协作建构。丰富的数字信息和故事的存储库就像是一个“无限的走廊”，这意味着有无限多的方法来探究和理解机构的过去、现在和将来。

在欧洲，MobileELDIT 项目旨在开发一个在线语言学习系统的移动版本，以一种泛在(Ubiquitous)的方式提供给移动用户。这个系统支持学习者使用有 Windows 操作系统的 PDA 从网上下载 ELDIT 的相关学习材料之后进行线下学习。在 M-EL-DIT 开发过程中，其主要的目的是作为意大利南蒂罗尔地区的双语考试中的学习工具。

在日本，2004 年推出了“U-Japan 计划”。其中具有特色的是日本德岛大学的情境感知语言学习支持系统 JAMIOLAS，旨在为外国学生提供不同情境下的 MIO 词汇的学习。使用者可以穿戴装置有感知器的衣服，在 PC 机上进行学习，系统能够通过对外界环境进行感知，随时随地向学习者进行提问，学习者回答问题之后系统会给予评价，并提供例句、与易混淆词进行比较、显示同义词等其他的表达短语。

在中国台湾地区，其环境感知学习是在当地积极推广户外教育的背景下，希望学生的学习环境不再受到教室的局限，让学生走出教室去学习更广博的知识。无线通讯的发展使得这个理念得以实现。通过无所不在的学习，让学生走到哪里就能够学到哪里，学习伴随着环境的转换而存在不同形式的表现，延伸知识的广度与深度，学生不再依赖于课本中的文字、图片，而是可以真实地感受课本中的场景，让学习更丰富。

在中国，清华大学的 Smart Classroom 即智能教室，它集成了清华大学人机交互与多媒体集成研究所的很多的研究技术成果。该项目在普通的教室中装设了大屏幕的墙面投影、摄像头、无线麦克风等设备，除了传统的讲台、课桌椅之外，在智能教室讲台上方投影的是电子讲义，右侧墙壁上显示的是远程学生的情况以及教室虚拟管理员的头像。在系统软件的支持下，教师可以直接使用语言、手势、板书等传统授课的方式引导课堂讨论，给远程学生授课。与此同时，课堂中教师讲解时候的音频、视频、板书以及学生的发言等都可以被系统自动记录下来，形成一个可检索的复合多媒体文档。在智能教室中，8个摄像头被分别安放在了不同的角落，用于跟踪识别教室中的人和事，并向远端传送教室中的视频。老师的一些简单的话语和手势都能够得到电脑的识别，所以不再需要自己操纵这些设备，只要说出或用手势表示出一些意思，比如“上翻一页、下翻一页”，就能够在智能教室电脑的理解下得到实施。老师如果需要某个远端的同学发言，只需要用激光笔选中同学的头像，学生就获得了发言权。智能教室追求现实环境的智能化，对于师生的要求完全感知并且自动完成。在这间教室里，老师完全可以将身心投入到讲授当中，不需要花费任何心思在多媒体环境配置和计算机操作上。

二、泛在学习面临的挑战

（一）技术支撑

构建泛在学习环境，建设泛在学习资源都要有技术的支持，技术是泛在学习系统持续发展的基本保障。技术的快速发展，对教育产生了革命性影响，教育领域中可汗学院、虚拟大学、开放教育资源运动等6个“革命性影响”事件就是最好的例证。在这种背景下，泛在学习不断建设与完善，在技术的支撑下终将成为现实。但是，有关泛在学习技术支撑的研究和发展仍然处于起步阶段，目前为止，在技术层面上的发展，还达不到泛在学习的要求。

泛在学习强调信息空间和物理空间的融合，强调把通信技术、网络技术、嵌入式计算机、射频识别等多种关键技术嵌入到我们的日常生活环境和使用工具中，人们在这个融合的空间里面可以随时随地、随心所欲、方便快捷地获得自己所需的一切数字化服务。但是，嵌入式计算机、射频识别、传感器、可穿戴技术等关键技术的发展还只是处于初步阶段，只是在少量地区和项目中使用。

泛在学习设备、泛在学习网络、学习支持软件、自然人机交互等方面与泛在学习的要求相差甚远，设备未达到小而精，网络未达到全面覆盖、带宽充足，支持软件正在建设中，人机交互未回归自然，数字化服务不全面等诸多问题还需要进一步解决。

目前，虽然信息技术发展迅速，新技术不断涌现，但是，离泛在学习对技术的要求仍旧相距甚远，技术作为发展泛在学习的基础和关键因素，仍是泛在学习发展道路上面临的主要挑战之一。

（二）资源建设（环境建设）

泛在学习环境是由泛在学习资源、泛在学习服务和泛在支撑技术三部分组成的，泛在学习资源包括泛在的学习内容、学习活动、学习伙伴以及学习者与环境之间的交互。泛在学习资源在泛在学习系统中担任着极为重要的角色，不仅可以为用户提供知识，同时也是用户之间人际关系网络构建的中介。环境建设和资源构建是实现泛在学习的必要环节，是整个泛在学习系统得以应用的重要前提，所以，环境建设和资源构建日益受到研究者关注。然而，有关这方面的研究，目前为止相对比较缺乏，普遍出现环境建设重资源轻服务、资源建设重内容轻活动等问题，同时，已有研究成果大多只停留在理论思辨、理想架构阶段。虽然研究者所描述的研究成果中有一部分可以得到实现，但是，能否推广仍有待实践验证。就泛在学习环境建设和资源构建的研究而言，普遍存在研究结果脱离实践、针对性和实用性差等问题。

有关泛在学习资源构建和环境建设的研究不完善，能够发表在核心与权威杂志上的研究成果屈指可数，而实际应用到实践的更是少之又少。环境与资源的构建由于国家政策、资金有限、技术不完善等现实条件仍处于起步阶段，离泛在学习的要求还需很长的路要走。

（三）人

在教学中引入新技术，或者是倡导新的教学（学习）方式，普遍会被忽视甚至排斥。新技术和学习方式要求改变教学理念、变更学习方式、更新思维习惯、提高信息素养。作为新兴学习模式的泛在学习也同样面临类似问题，这种现象在教师和学习者中居多。

就教师而言，教师长期从事教学，积累了大量的个人经验，在实际教学活动中运用的得心应手，这种情况下要求教师放弃其惯有的教学方式而接受完全陌生、丝毫没有经验的新兴事物，是相当困难的。尤其是对于老教师而言，新的学习方式有其特有的理论基础，教师接受它首先需要接受长期培训，不只是理论培训，还有实践观摩和实践训练，教师需从自己的教师角色转换成学生角色，很多教师是不愿意接受这种改变的。

就学习者而言，每个学习者都有其特有的学习风格和学习习惯，要求学习者放弃自己的学习习惯去接受新兴的学习方式是不现实的，学习者需要调整自己的思维方式和学习风格，不只学习知识还要额外学习新技术的使用，增加了认知负荷，学习者普遍会表现出拒绝接受、逃避甚至排斥的态度。因此，人们思想观念、思维方式、实践方式的改变和态度的转变对于泛在学习的发展至关重要，需要一段时间的调整期与适应期，依然是泛在学习面临的挑战。

三、泛在学习的未来研究重点

（一）理论研究

理论研究是泛在学习研究发展的基础，理论指导实践，只有成熟的理论研究，才能够为实践发展指明正确的方向。实践完善理论，将理论研究和实践发展相结合是完善理论的重要方法。所以，泛在学习的理论研究是未来泛在学习研究的重点。理论研究方面，未来的研究内容主要涉及到通用的定义、统一的理论基础、成熟的泛在学习模式以及可操作的发展策略等。

（二）技术开发研究

泛在学习的发展离不开技术，技术是泛在学习快速发展的基本保障。先进的技术开发研究是泛在学习从理想进入现实的必备条件。我们如今身处信息时代，科技发展迅速，新技术层出不穷，怎样应用现有技术和先进的技术来推动泛在学习快速发展，是诸多研究者需要重点研究的问题。同时，技术的易用性、亲和性也是非常值得研究的问题，可以解决教师或学习者排斥新技术、新学习方式的难题。

（三）资源构建研究

资源构建是泛在学习发展中的一个重要环节，是整个泛在学习系统得以应用的前提。泛在学习的实现是以丰富的资源为基础，以优质资源为目标的，只有拥有丰富的优质资源，泛在学习才能够长久存在下去，否则就只能停留在理想与现实之间。泛在学习强调无所不在的学习，资源构建是决定其能否实现的关键因素，数字化学习、移动学习的资源建设模式已经无法满足泛在学习的需要，所以，泛在学习发展的未来，其资源构建仍旧是研究的重点内容。

（四）相关标准研究

泛在学习是一个非常复杂的系统，为了避免地域差异等因素产生的负面结果影响到泛在学习的进一步发展，制定相应的标准进行规范和约束显得极为重要。标准化可以使研究成果统一，相互联系，融合互通，降低资源的冗杂。就我国目前泛在学习的研究现状，有关泛在学习相关标准的研究虽然已经出现，但是，这方面的研究，无论是在深度上还是在力度上都远远没能够达到要求。因此，相关标准研究仍是未来泛在学习研究的重点。

泛在学习所强调的学习理念和我国倡导的终身学习理念完美对接，这表明随着泛在学习理论研究的完善，技术开发研究的深入，资源建设的全面推进以及标准研究的不断深化，在将来，泛在学习模式必定会成为我国实现终身学习的重要方式。所以，我国的研究者还需要及时引进国外研究成果，将其本土化，突破泛在学习在现实发展中面临的挑战，进一步推进我国泛在学习的快速发展。

第三节 泛在学习特征

一、泛在学习的特点

（一）持续性

持久性也称永久性，长时性（Permanency）。即学习者能够一直保持在学习状态，除非自己主动取消学习要求，并且学习过程是连续的、无缝的。

（二）可访问性

可访问性也称可获取性（Accessibility）。主要是指学习者可以访问到的学习资料形式包括文字、图片、视频、音频等任何形式。

（三）直接性

直接性也称及时性或即时性（Immediacy）。是说学习者不论在哪里，都可以从服务器或是从对等网络中直接获取所需信息，通常是及时的，比如：点击学习在线视频就可以实现即时播放（在网速得以保证的情形下）。

（四）交互性

交互性（Interactivity）就是指学习者可以通过同步或异步的方式和其他学习者进行讨论交流，实现信息交互、学习互动。

（五）适应性

适应性（Adaptability）是说泛在学习意味着任何人，在任何地方，任何时间，都可能获取自己所需要的学习信息和学习支持，从而轻松地完成学习任务。

（六）教学行为的场景性

教学行为的场景性（Situating of instructional activities）即学习能够融入到学习者的日常生活中。学习者所遇到的问题或需要的知识都可以以自然有效的方式被清楚的呈现出来。这会帮助学习者更好地注意问题情境的特点。

二、泛在学习的优势

（一）时空优势

传统学习在很大程度上受限于时空，在时间上要有统一的、相对刚性的计划和安排，空间上要限制在特定的地点。就常规的学校学习而言，学生们需要在规定的时间到达规定的地点，进行规定课程的学习。即便是网络学习，也会受到时间和地点的限制，只能在有限的环境中进行。而泛在学习是不受时空限制的，学生可以在任何时间、任何地点，只要其想学习就能学习。当学习时间和学习空间不再受到限制时，人们的学习活动就会变得更加多样。学习行为也不仅发生在课堂上、电脑上、手机上，还可以发生到生活和工作的各项活动中。也就是说泛在学习时空的变化使学习和工作、生活成为一体。真正可以使终身学习成为可能。

（二）资源优势

泛在学习资源不只是学校教育的狭义的资源，更表现为整个互联网络所拥有的信息资源，甚至可以把整个社会和自然界都视为学习资源，将“物理环境和信息环境学习的资源”和“有益于人们获取知识的元素”都纳入其中。这些资源可以通过立体的学习网络传递，既包括学校，也包括卫星网、数字电视网、互联网、移动网以及依托与网络的手机、PDA、MP3、MP4 等移动终端设备等。学习资源形式多样，包含了文本、图像、录像、音频、视频等多种形式。或许我们身边任何一种可以感知的、可以情景反思的实体都能够成为学习资源。泛在学习资源集声音、图像、触觉和视觉于一体，以图文并茂、动静结合、可触可感的方式将教学内容呈现在了学习者面前，弥补了传统教学模式中的单一性和平面化，这种多种感官共同刺激产生的学习效果远远优于单一感官刺激的学习效果。

（三）经济优势

在信息社会，学生需要具备较强的信息技术素养，必须熟练掌握计算机的使用技能、上网技能和一定的信息搜索技能才能够顺利进行在线学习和移动学习。尽管学生可以通过各种各样的培训获得这些技能，但是高昂的培训费用、较高的学习难度和较多的学习项目又使许多人望而却步，只能放弃这些新的学习形式。由于泛在学习环境更加注重人性化，不断提高操作的简易性，也不要求学生掌握众多的学习技能，只要想学习，不管学习基础怎么样，都能够找到合适的学习形式和学习资源，且不需要支付高额的培养培训费用，进而使更多人能够从泛在学习中受益。

（四）人性化服务优势

传统的课堂教学和在线学习以及移动学习能够部分记录学生的学习内容

和学习活动，而且可以根据这些记录，通过档案、计算机网络或着移动通讯设备向学生提供已经设定好的学习支持服务。但是，由于这些学习支持服务是系统设计者在设计系统之前就根据对学生初步的、带有主观色彩的分析预先设定的，所以，学习支持服务的内容往往比较粗疏、偏颇、呆板。虽然通过学生的设定可以有所选择、有所调整，但依旧不够全面且缺乏针对性。而泛在学习不仅能够自动记录学生全部的学习内容和学习活动，还能记录当时的学习环境信息，并且能够综合分析这些复杂的信息，为学生量身定造个性化的学习支持服务，真正体现“以人为本”的理念。

（五）智能化管理优势

传统的学校教学管理和在线学习以及移动学习的学习管理是依赖于手动或手动与自动相结合的管理系统的，管理内容少，管理手段繁琐，管理方式死板，往往会因为这些缺陷造成许多个性化的管理手段不能实施，形成人受制于机器的局面。泛在学习采用智能化管理系统，能够管理各种学习活动和学习全过程，还能够根据个性化要求部分调整系统功能，以实现分层次管理、分对象管理和分任务管理，最大限度地增加管理的弹性，实现人性化管理。泛在学习是在在线学习和移动学习的基础上发展起来的新型学习形式，克服了前者的缺陷和不足，所以也更加完善，更具优势。

（六）角色优势

以往，学生常常被看作是一个需要“被塑造”的客体，而教师则被视为一种必不可少的外在力量对其施加影响。随着泛在学习时代的到来，教师和学生不再具有明确的界限。对学生来说，教师不再是知识的唯一来源。教师能从学生那里得到信息和资源，学生在某些时候也成为了教师，教师成为了学生，教师和学生之间的角色不断变换，可以说人人都是教师，人人也都是学生。

（七）学习评价优势

在泛在学习环境中，学习评价已经能够延伸到课堂以外的任何地方。系统可以根据学生所处的位置和周围的环境，参考学生过去的学习行为和学习程度，随时随地的询问不同难度的问题，在学习过程中不断地进行学习评价。在完成一个阶段的测量和评价之后，系统也可以立即提供评价结果和相对应的辅助材料，帮助学生不断调整自己的学习行为，以实现更有效地学习。更重要的是，在这样的环境中，能够更加具体地测评学生知识的掌握、技能和能力的提高以及情感的变化，学习评价的内容更加丰富、更加细化。

第四节 泛在学习的实现与展望

一、泛在学习的实现

作为一种新型的学习理论体系，泛在学习的实现需要数字化技术环境、数字化学习资源、复合教学模式和灵活学习支持服务等多方面资源的支撑。从学习模式上看，泛在学习的实现主要包含了下面几个方面：

（一）正式的课程学习

正式的课程学习，是指基于学习资源和教师的正式学习，比如：一个专业的课程学习或者一个证书教育的课程学习。专业教育机构（教师）要进行课程设置、编制教学大纲、编制泛在学习资源、安排教学活动以及进行学习测评，并不断改进整个学习过程；学习者则需要选择学习课程、明确学习目标、选择学习方式、参加学习活动、参加学习测评并达到测评成绩。尽管教师和学习者的教学活动是处于“准分离”状态，但是二者是密不可分的。

（二）非正式资源学习

非正式资源学习，是指完全基于数字化学习资源的非正式学习。一般的学习过程为：学习者依据自我学习需求，查找合适的学习资源，利用学习资源进行学习，如果资源不能满足自己的需要，学习者会重新查找更为合适的学习资源，通过学习，学习者可能会在进行思考、分析、总结后，撰写一些心得、体会，甚至会编写一些新的资源，提供到资源系统中，形成生成性的共享资源。可利用的资源可以是一段文本、一张图片、一段视频、一个课件，也可能是一门完整的课程资源。学习的目标、行为、过程、效果均由自己决定，不受任何外部因素的制约。

（三）准正式主题学习

准正式主题学习，是指基于学习资源和教师、介于正式学习和非正式学习之间的一种学习模式，如“在线学习网”等。

主题学习的广义概念就是指社会生活或现象的某一方面内容的学习，比如：某种职业需要的知识、技能的学习，某种体育、文艺、健身爱好的学习等。之所以称之为准正式，是因为对于这类主题学习，一般是由教育或者培训机构依据学习主题的共性需求，设计主题培训项目，创设泛在学习环境，编制泛在学习资源，设计学习过程，并在学习过程中提供教师的指导与辅导。学习者则是要依据自己的需要，查找并选择适合的培训项目，按照教育或者培训机构创设的环境、条件、过程，并利用编制的资源进行学习、交互。准正式主题学习的学习目标、行为、过程和资源等都会受到教育机构的制约，但是，对学习者的学习评价没有严格的、强制性的规范或者规定性。因而，称之为“准正式”的学习。

二、泛在学习展望

（一）深化学习本质

“学习”的本质是人们在实践活动中自觉地不断地通过多种途径、手段以及方法获取知识并将其内化为自身素质和能力，是人进行自我改造、发展、提高和完善的过程，是使人成为主体并不断增强主体性的过程。

这一本质主要涵盖了三层含义：

1. 强调学习是一种实践活动。使人自身在与外部世界的关系中成为主体，并能够不断提高自由程度和主体性的实践过程。

2. 强调人的自我改造、发展、提高和完善是依靠学习、获取知识来完成的。

3. 强调人的知识的获得是要靠一定的途径和方法的。比如：人类继承前人或他人的认识成果要通过语言、文字等符号，借助于书本等物质媒介才能完成。

泛在学习所体现的学习充分体现了学习的本质，泛在学习强调在实践情境中的现场问题解决，关注基于问题的学习，并能够及时对自己解决问题的过程进行总结和反思，进行内化。泛在技术和泛在的学习资源给学习提供了非常多样的学习途径、学习方法和手段，学习者可以根据自身的学习特点选择自己最适合的方式、资源进行学习。

（二）推动技术发展，创设学习环境

泛在学习要求“去技术”，也就是要求技术的“消失”。这听起来好像和推动技术的进步与发展是相互矛盾的。其实不然，泛在学习要求技术的“消失”和“去技术”并不是真正要消除技术，而是让技术以更加智能化、更加简单化、更加人性化的方式蕴藏在生活的每一个角落。凸显的是技术支撑下的便捷、人性的生活本身。而这一标准实际上是对技术的更高层次的要求。是要求技术能够使得信息空间与物理空间无缝地衔接，在这个空间中人们可以随时随地地、透明地获得数字化服务。这些服务是不可见的，是蕴含于卫星网、数字电视网、互联网、移动网等各种网络和情境感知的移动设备之中的。比如：泛在学习催生的各种内置的和隐藏的无线通讯装置和传感技术将不断成熟。未来我们不论到哪里，桌子、椅子、电器、路灯等都能够侦测并收集到特定对象的个人信息，包括体温、心跳、血压、所在位置、天气情况等等，电脑系统将随时随地的了解和记录人们的行为，并且依据这些参数提供各种各样的支持服务、记录和评价。我们可以随时随地利用周围的环境学习。泛在学习将使教育和学习发生根本的变化，也将会创造出一个更加美好的学习化社会环境。

（三）拓展主体自由，实现个性化教育

自由是人们追求的最高价值。自由不仅具有终极意义，也具有当下的意义。对自由的追求是人作为主体的本性需要。在泛在学习环境中，学习者是主体，而由信息空间和物理空间构建的智能空间则是客体，学习的过程就是主体作用于客体的过程。在这个过程中，人的能动性和主体性将得以充分地发挥。泛在学习对于学习者个体的关注，充分体现学习者个体的自由，学习者可以根据自己的实际需要，进行学习实践，在泛在学习环境下，自由的获取学习资源、服务和支持，而且这种服务和支持是充分体现学习者主体的。技术的不可见与平静使得学习者是自由的。技术带来的自由使得学习者有了更多地选择，为人的自我发展创造了空前的条件，无处不在的学习设备、资源和学习支持，使得学习者个体不再关注学习技术本身，而这是关注自己的学习任务、学习需求。这完全体现了学习者自由的学习意愿。本质上就是学习者作为主体的自我因材施教和个性化的教育。

第二章 实践教学概述

第一节 实践教学概念

一、实践教学的定义及辨析

（一）实践教学定义

在学校的引导下，学生以获得直接经验或将间接经验转化为直接经验为主要目的，参与理论教学之外的具体社会生活的教学活动。

（二）实践教学的辨析

1. 实践教学的目的是获得技能

较早对实践教学作出的定义是：在教师的指导下，学生通过课堂的、实验室的、工厂的独立实践活动，运用其所掌握的理论知识去分析和解决实际问题，是进行技能训练的重要途径。这种解释中有三个观点值得注意：

一是实践教学必须是学生在教师指导下完成的；

二是实践教学在理论教学之后；

三是实践教学的目的是获得技能。

这些观点非常具有代表性，得到了之后的很多学者的认同，例如：有学者将实践教学的特征概括为培养能力。也有学者认为实践教学是“让学生把学到的理论知识拿到实际工作中去应用和检验”。但是这三个观点都是片面的。首先，学生自主进行的实践学习活动也是实践教学，而不是必须要有教师的指导；其次，获得知识和态度也是实践教学中的重要目标，并不只是技能；再次，实践教学并不是必须在理论教学之后，也可以在理论教学之前。

（二）实践教学的目的是获得感性认识

被广为引用的实践教学定义是《教育大辞典（增订合编本）》中的说法：实践教学是指相对于理论教学的多种教学活动的总称，包括实验、实习、设计以及社会调查等，其主要目的是使学生获得感性知识，掌握技能、技艺，养成理论联系实际的作风以及独立工作的能力，通常在实验室、实习场所等一定的职业活动情景下进行，作业是按照专业或工种的需要设计的。

上述定义是对常见实践教学形式和功能的描述，并没有包含实践教学的所有形式和功能，所以是比较片面的。特别是其中认为“实践教学使学生获得感性知识”是片面的。实践教学和理论教学是教学形态的不同分类，感性认识和理性认识是认识层次的分类，不能划等号，因为无论任何教学都要从感性认识开始，达到理性认识才算是完成。虽然理论本身是理性认识，而不是感性认识，但是其对理论的学习也是要从感性认识开始的。而实践教学如果不能够达到理性认识，就没有完成主要任务。感性认识和理性认识也不能与直接经验和间接经验划等号。直接经验和间接经验中，都既包含感性认识又包含理性认识。

（三）实践教学是实际操作

还有一种流传较广的实践教学的定义：学生在教师指导下以实际操作为主，获得感性知识和基本技能，提高综合素质的一系列教学活动的组合。其中基本技能的实际操作，概括了多数实践教学的表面特征，但是其并不能包含所有实践教学，例如实地观摩；而且含义也不是太明确，很难界定。另外，实践教学也不仅仅是培养基本技能，还培养创新能力以及创业能力等特殊能力。

（四）实践教学包括习题课、讨论课

《中国教育百科全书》将实践教学解释为：根据高等学校培养目标，按照教学计划的要求所进行的参观、实习、习题课、讨论课、设计等教学环节。从形式上面来看，这只是对实践教学的常见形式进行了描述，并不是对实践教学的科学定义。从内容上面来看，将习题课、讨论课作为实践教学是不合适的，因为这些教学形式的主要目的还是获得间接经验，而不是直接经验，也不是与具体社会生活的接触。

（五）实践教学不是教学活动

有些学者认为实践教学不是教学活动，也不是教学形式，而是教学理念。

这显然时有失偏颇的，实践教学作为一种教学形态，其包含着多种教学理念，同时也包含着多种教学形式和教学活动。这部分学者将高等职业教育实践教学定义为“高职院校根据不同专业的培养目标，按照工学结合的人才培养模式，以完成一定的工作任务，借助特定的项目训练为主要形式，以鼓励学生主动参与、主动探索、主动思考为基本特征，以掌握相应岗位技能，养成一定的职业态度并以提高职业素养和职业能力为目的的教学”，实际上也只是对多数实践教学的多种表面特征进行了一定的描述，并没有揭示其本质特征。

二、实践教学的外延

（一）从教学的范围看，包括课内实践、课外实践和校外实践

课内实践主要指的是采取课程形式进行的实践教学活动。这里的课程，是狭义的课程，显性课程，不包括隐性课程。根据实践教学在其中的地位，课程可以分为两类：理论（实践）课程和实践（理论）课程。前者主要是指理论教学为主、实践教学为辅的课程，后者是指实践教学为主、理论教学为辅的课程。课内实践的内容主要是技能方面训练，经常会采取实验、情景模拟等形式，多数在虚拟的环境中以练习的方式进行。

课外实践是指以课外（校内）活动形式进行实践教学，有些可以称为隐性课程，形式丰富多样。

校外实践是指在校外进行的实践教学活动，一般在真实的社会生活中进行，但是也可能是在校外的培训机构中进行虚拟练习。

（二）从教学的专业看，包括本专业实践、多专业实践、通用实践

本专业实践主要是指针对本专业特有的教学内容开展的相应的实践教学活动，比如机械专业的机械设计、中文专业的小说创作等。

多专业实践是指多个相关专业都适用的实践教学活动，比如数学建模、文科的写作比赛等。

通用实践是指所有专业都适用的实践教学活动，比如演讲比赛、志愿服务等。

（三）从教学的内容看，包括技能训练、科技创新、生涯规划、组织服务、实习见习、社会体验

技能训练主要是指以获得特定的基本技能为主要目的的实践教学活动，绝大多数都是专业的，但是也可能是非专业的。这是目前最主要的实践教学活动。

科技创新是指以获得创新精神和创新能力为主要目的的专业性实践教学活动，其既包括科学创新活动，也包括技术创新活动。这是目前实践教学发展的重点。

生涯规划主要指的是以促进个人生涯发展为主要目的的实践教学活动，一般包括学业规划、职业规划以及创业计划等具体形式，也包括真实的创业活动。这也是目前实践教学发展的重点。

组织服务是指担任校内活动的组织和服务工作，以获得组织和服务素质为主要目的的校内实践教学活动，包括担任干部、临时参与组织活动、固定担任服务人员等等。多数志愿服务的专业性不明显，但是对于未来发展有明显的价值。

实习见习是指以获得专业素质为主要目的、在校外真实社会生活中进行实践教学活动，其中专业实习是指集中的、长期的、深入的活动，见习是指分散、短期、肤浅的活动。

社会体验是指没有专业性、以获得一般社会经验为主要目的的校外实践教学活动，如与专业无关的参观考察、参与社会活动、打工等等。

（四）从教学的形式看，包括实验、情景模拟、课题研究、项目设计、角色尝试、实地考察

实验主要适用于理工科的专业性实践教学活动，也是目前最为常见的实践教学活动，实验可以在实验室中或实验室外进行，也可以用相关的计算机软件进行模拟实验。

情景模拟是指用学生角色扮演或计算机软件来模拟社会生活情景的方式进行的专业性实践教学活动，通常也被称为文科实验。主要适用于文科专业，也可以用于理工科专业。这是目前迫切需要发展的实践教学活动。课题研究是指围绕特定研究课题进行科学创新的专业性实践教学活动。项目设计主要是指围绕特定工作任务进行技术研究的专业性实践教学活动。在以往，理工专业和艺术专业都是比较注重这类活动的，但是实际上文科专业，尤其是应用型高校的文科专业也应该大力举办这类活动。

角色尝试是指到真实的社会生活中担任一定任务的实践教学活动。角色尝试可以在校内，也可以在校外，常见的角色尝试有志愿服务、实习、打工、创业等。

实地考察是指到真实的社会生活中进行观摩考察的校外实践教学活动。实地考察可能是专业性的社会调查，也可能是非专业的参观考察，但不包括休闲娱乐性的旅游观光。

（五）从教学的组织看，包括学校集体、学生社团、校外团体、教师个人、学生个人

组织实践教学活动的主体是多种多样的，可以是学校集体，也可以是学生社团或者校外团体，还可以是教师个人或者是学生个人。以往主要是学校集体组织，但是资源、形式和数量都比较有限，远远不能满足需求，所以，应该大力引导学生社团和校外团体，以及教师个人和学生个人，发挥他们各自的优势和积极性，组织更多形式和数量的实践教学，充分满足学生们的需要。

（六）从教学的深度看，包括观摩、练习、比赛

观摩就是指到真实的社会生活中去观察、思考，以了解相关事物。是参与程度最浅，最方便的校外实践教学活动。

练习就是对特定项目进行多次尝试，以提升自身素质。这是参与程度比较深的实践教学活动，包括了大多数实践教学形式。

比赛泛指的是各类具有竞争性的实践教学活动，比如科技创新竞赛、创业计划竞赛、演讲竞赛、发表论文等。因为具有一定的竞争性，所以一般相对于同类内容的练习来说参与程度深得多，因此成为激励学生参加实践教学活动的重要手段。

（七）从教学的环境看，包括真实实践、虚拟实践

真实实践是指在真实的社会生活中进行的实践教学活动。因为其具有真实性，所以培养出来的素质比较全面和真实。但是往往需要较多的条件，很难经常进行，但是学校、社会和学生个人也应该努力开展。

虚拟实践是指用实验设备、角色扮演或计算机软件等手段模仿社会生活的实践教学活动。虽然不够真实，但是往往需要的条件较低，可以经常进行。随着科学技术的发展，会有越来越多的直接经验可以通过虚拟实践获得，从而大大推动实践教学的发展。

第二节 实践教学特征

一、实践教学总体特征

（一）实践教学的基本途径是参与理论教学以外的具体社会生活

实践教学中的“实践”并非指一般意义上的实践，而是指参与理论教学本身以外的各种社会生活，特别是和所学专业相对应的社会生活。如果实践教学中的“实践”指的是所有的实践，那么就无法区别理论教学与实践教学。有的学者就依据哲学中对于实践的一般定义，认为教学活动本身就是一种实践活动，“一切使学生积极参与的教学活动都属于实践教学的范畴”，所以理论教学也就是实践教学，称为理论实践教学。这很明显是将哲学领域中的实践概念简单地套用到了教育领域中，是对实践教学的错误理解，对于实践教学理论的发展没有积极意义。

实践教学中的社会生活并不是抽象的社会生活，而是具体的社会生活。理论学习中也有社会生活，比如：列举案例、做应用题、案例教学等，但那是抽象的社会生活。实践教学中的社会生活必须是具体的，是能够直接触摸的。

实践教学中的社会生活并不一定是真实的社会生活，也可以是虚拟的社会生活。例如：用角色扮演的方式模拟社会生活，用计算机软件虚拟的社会生活以及在实验室中简化了的社会生活。

实践教学是对社会生活的积极参与，而不是旁观。参与有深浅之分，但是必须要置身其中。实地观摩是最浅地参与，但是学生也置身其中，能够受到现场的影响，并且可能会影响现场。所以，观看有关社会生活的音像资料并不是实践教学。

（二）实践教学的主要目的是获得直接经验，或者将间接经验转化为直接经验

实践教学是和理论教学相对的教学形态，以获得直接经验或者将间接经验转化为直接经验为主要目的，而理论教学则是以获得间接经验为主要目的。当然，这里的经验主要指的是广义的经验，也就是既包括知识，也包括能力和态度的经验。

实际上实践教学这个词早就已经存在了，从中国知网中查到早在1957年就有相关文献用到了这个词，1975年就有以实践教学为题的文献，但是在这一时期并没有成为一个重要的教育概念。1985年出版的《中国大百科全书（教育卷）》中就没有实践教学这个词条。有相关学者进行考证，官方提出实践教学概念的开端是1982年3月教育部组织的《全国师范专科学校教学工作座谈会》的《纪要》中出现了“实践环节”这一词条，1983年4月教育部颁发的《关于制订职工高等工业专科学校教学计划的暂行规定》中提出了要加强实践性教学环节的要求。之所以提出、命名、重视实践教学，就是源于对直接经验的重视，而实践教学就是获得直接经验的主要途径。

直接经验和间接经验是认识来源的不同分类，与理论教学和实践教学也不可以划等号。在理论教学中也可以获得直接经验，因为理论学习对于学习者来说也是一种实践活动，但是其主要目的显然是获得间接经验。反过来说，实践教学的过程也离不开间接经验，但是其主要目的显然是获得直接经验或者将间接经验转化为直接经验。

二、MOOC 视域下实践教学特征

（一）大规模

MOOC 视域下的实践教学课程仍然秉承着 MOOC 中的“Massive”这一思路，具有大规模的特点。具体表现在以下 3 个方面中。

1．参与主体的大规模

在传统的实践教学环节中，由于实践环境（包括设备、场所等）的制约，参与人数往往会受到一定的限制，难以实现大规模的参与。而在 MOOC 环境下，实践教学的部分内容可以通过网络的方式呈现出来，一些不具备实践条件的主体也能够很好地参与进来。比如，北京航空航天大学在国内率先开发的实验云平台就借鉴了 MOOC 的思路。通过实验云平台，实践主体只要具有网络机终端，就可以实现自主学习，大大解决了实践教学的环境限制问题，使得优势资源能够得到充分的共享。

2．课程资源的大规模

由于授课教师实践经验的不足，实践课程的效果往往会受到一定的影响，制约了学生创新能力的培养。在 MOOC 环境下，众多高校、教师以及行业人员能够通过网络平台共享实践教学材料，丰富实践教学资源，弥补个别教师实践经验的不足。在当前我国的高等教育中，存在着中西部高校联盟、应用技术性大学联盟以及行业协会、学会等实践教学资源主体，这些主体都拥有非常丰富的实践课程资源。在 MOOC 环境下，实践教学平台能够充分整合这些优质资源，实现课程资源的大规模。

3．交互方式的大规模

“教师先讲解演示，学生再参与其中”是传统的实践教学方式，这种方法的不足之处在于学生之间的交互意识比较薄弱，非常不利于团队能力的培养，制约了学生的创新思维。在 MOOC 环境下，课程教学主要是教师以主持人的角色引导学生分析和思考，帮助学生自主学习。为了能够更好地掌握内容，师生之间、学生之间，甚至陌生人之间都需要进行大量的讨论。来自平台允许范围内主体之间思想和观点的碰撞，使得大规模的交互在平台下充分开展起来。

（二）网络化

基于 MOOC 环境的实践教学，是“互联网+”在教育领域中的重要体现，网络化这一重要特征具体表现在以下 3 个方面：

1．学习过程的网络化

在 MOOC 视域下，网络化是实践课程学习过程中的非常重要的形式。视频学习、实践操作、课程作业、作业批改、问答平台以及师生讨论等工作都能够依托互联网平台开展，学习过程由过去的以课堂为主体向以网络为主体转变。这种网络化的学习过程能够有效解决课堂教学互动较弱的缺点，可以增进学习过程中不同主体之间的交流和理解，还能够拉近师生之间的距离。学生可以根据自己的学习过程提出问题，通过互动问答的方式，增进对知识的掌握。

2．知识传授的网络化

由于近些年来我国高校的持续扩招，集中传授成为主要的知识传授方式。这种方式忽略了不同主体的知识基础和需求的差异，教学效果很难得到保证。在 MOOC 视域下，学习过程实现了以网络化为主，学生的自主学习成为非常重要的一种学习方式。在这种背景下，学生可以根据自己的学习过程，提出问题，通过师生以及学生与学生之间，甚至同行业人员之间的交流与沟通，使知识的传授更加具针对性。网络化的知识传授方式能够更好地发挥教育中“传帮带”的优势。

3．学习主体的网络化

在传统的学习中，学习主体是面对面的，而在 MOOC 视域下，实践教学的学习主体更多是以网络化的形式存在，学习者之间背景和基础的差异性将会更大。面对同一个实践问题，中国学生、德国学生和美国学生可能会有不同的理解和不同的处理方法。网络化学习主体之间的交流使得知识的交互性更强，从而更容易产生创新思想，有利于促进实践教学内容的进一步丰富。

（三）开放性

在 MOOC 视域下，实践教学已经不仅仅是在实验室内独立封闭的开展，而是在互联网平台下同行之间进行的开放式交流，开放性是课程具有持续生命力的重要保障。具体表现在以下 3 个方面：

1．学习人员的开放性

MOOC 视域下的实践教学，能够真正实现教育的“有教无类”。学习人员无论身在何处，不管种族、年龄、性别、信仰以及收入等因素存在多大差异，只要喜欢课程的内容，都能够参与到课程的学习当中。在当前的社会条件下，基于 MOOC 的实践教学开发平台，能够让学习者根据自身工作的需求，更加具有针对性地开展岗位学习，从而不断提升自身的岗位操作技能和实践创新能力。MOOC 视域下的实践教学为人们的终身学习提供了非常重要的保障。

2．学习形式的开放性

集中学习是当前我国高校教育的主要形式，实践教学也往往是在实验室或者企业里面集中进行。这种教学方式使得学习主体不能够灵活的安排时间，学习效果存在一定的局限性。在 MOOC 视域下，实践教学在云平台下进行，学习主体可以根据自己的工作和生活规律灵活安排学习时间。尤其是小的知识点，短视频式的要点讲解和演示，使得学习者利用零碎时间开展学习成为可能。学习形式的开放性使得学习者能够更加自主地开展学习。

3．学习内容的开放性

权威思想在教育界具有非常广泛的影响，教师往往被视为知识的权威，学生被视为天然的接受者。有些教师由于没有企业经验，实践教学会出现对学生的误导。在 MOOC 视域下，教学内容被放在互联网平台下，接受众多人员的检视，将有利于打破权威，充分调动学生学习的积极性，主动思考，促进创新意识的培养。同时，不同学习者之间利用课程平台交流将有利于进一步丰富课程内容，提升课程教学效果。

第三节 实践教学现状

一、实践教学中的问题与原因分析

（一）惯性作用的影响，认识上轻视实践教学

从我国高等教育的历史来看，高校对实践教学很不重视，始终存在着重知识传授轻能力培养的问题。即便在当前，这种影响也没有完全消除，一些办学者观念陈旧，不顾形势变化的需要，依旧强调以理论教学为主，实践教学为辅，认为实践教学是偏门甚至其可有可无；即使开展实践教学，其重心也不是为了培养学生的动手能力和分析问题的能力，而仅仅是将其作为一种加深对有关理论课程理解和掌握的工具。这种缺乏重要性认识、缺乏全员参与，在很大程度上只是停留在理念上、宣传上的实践教学，导致相关的工作大打折扣，要求也难以落到实处。

（二）实践教学体系不完整，实践教学课程设置不到位

尽管目前大多数高校都能够认识到实践教学对大学生就业的重要性，并且在制订教学计划的时候明显会增加一些实践教学课程的课时，但是很多实践课程只是虚设的。由于一部分高校教育工作者认为实践教学只是理论教学的一个环节、一个补充，所以实践教学，尤其是文科专业的实践教学被普遍弱化，在教学内容的安排上仍然普遍存在着重理论、轻实践，重知识、轻能力的现象；缺乏培养学生动手能力和分析问题能力的一整套规划。再加上近些年来一些高校在条件尚未具备的情况下，扩招速度比较快，致使办学经费严重缺乏，实践教学基地无法保证，实践教学进一步被削弱，很多实践教学课程和环节无法到位。这些情况不可避免地导致了学生的理论与实践脱节、创新意识与动手能力不强。

（三）实践教学的方法和手段比较落后，教学设施和基地不健全，教学效果差

在我国的高校，以灌输为主的教学方法始终占有非常重要的地位，而一些

被国外证明效果很好的教学方法，比如讨论法、案例教学法以及项目课题研究教学法等，在教学中的运用却并不广泛。在实践教学中，一般的做法是，在实验实习之前，教师就要把实验实训的内容、操作方法与步骤、报告格式，甚至包括每一步将会得到什么结果等都要写得一清二楚。这种情况下，学生完成教学大纲的规定内容、掌握基本原理和方法，完全是在教师设定的范围之内，都是机械地完成操作，学生缺少或者说根本不需要主动积极的思考。这就导致一旦离开了教师，学生就会手足无措，其结果只能是学生的独立创造性被日渐消蚀，动手能力较差。当然，教育经费的紧张与逐年扩大招生的现实矛盾也使得很多大学的硬件建设受到忽视，教学设施比较差，教室安排非常紧，这也是导致教育手段、教学方式单一的客观原因之一。

此外，一些高校不重视校外实践基地的建立和完善，没有建立相对稳定的校外实践教学基地，学生的社会实践多是凭关系由学生自己去找，这种基地分散、临时性、随意性较多的实践教学状况，不但给教师及时指导和解决学生在实践中出现的问题增加了很大难度，而且由于督查的难以到位，学生不参加实践活动的情况也非常突出。以上种种情况，都不利于学生实践能力的培养，不利于学生自主创新意识和良好工作作风的形成，导致学生社会适应性不强。

（四）师资队伍实践教学水平不高

从高校进入门槛方面来看，当前一大批高学历的年轻教师成为了高校教学的主力军，使教师学历层次有了较大的提升，但是，这同时也成为教学水平提高的瓶颈。目前，高校招聘教师主要看的就是学历，可是我国博士生、硕士生大多是从大学校门到大学校门，日常的教育中重理论、轻实践的现象异常普遍，他们所受到的教育基本上就是理论教育，本身并没有经过职业技能训练，而毕业之后他们或因课务重或基于职称的压力，也很难有实践锻炼的时间和愿望。由于教师们自身先天的缺陷，所以在指导学生动手训练的时候难免会底气不足，很难对学生实施实践性教育，这种情况下，学生学习效果差也就在情理之中了。

从用人方面来看，高校对实践教学人员的重视程度不够，和同等学历、相同专业技术职务的教师相比，实践教学人员往往地位较低、待遇较差，很多人认为从事实践教学工作低人一等。这些情况轻则影响到实践课教师工作的主动性和积极性，重则会导致许多优秀教师不愿意专门从事实践教学。没有好先生就难有好学生，毫无疑问，实践教学师资队伍的不稳定也是我国实践教学发展缓慢、教学水平不高的重要原因。

（五）实践教学考核评价体系不科学，制度不严格

从评价体系方面来看，很多高校不注重营造实践创新的环境，没有制定新的专门的实践教学考核办法和考核标准。而高校长期以来采用的评价体系，多是一种以学习成绩为主的人才培养考核评价体系。这种考核制度，面对学生实践中产生的千差万别的创新成果和创新水平，显然无法做出公正而又科学的评价，其结果往往是既难以考查教师的实践教学水平，也不利于学生创新意识和实践能力的培养。此外，多数高校还缺乏应有的激励机制，对学生参加学术报告、小发明、小创造等各种学科竞赛活动，参加科研立项或参与教师科研课题的科研活动，参加社会实践调查活动、科技服务和科普宣传活动等基本上不给予相应的学分，这些也严重抑制了学生开展实践活动的积极性，阻碍了实践教学的发展。

二、实践教学中需要解决的难题

实践教学内容体系，可以由基本的技能训练、基础实验教学、独立实验（实训）、综合训练以及社会实践等五大模块组成。从教学实践的场所来看，主要是分为校内和校外两个部分。在校内进行实践教学活动相对校外来说容易得多，因为学校自己能够掌控。在校外进行实践教学活动，又具体分为两个部分：一是进行校企合作；二是学生自主进行社会实践。可以说，怎样在校外有效地开展实践教学活动，是目前实践教学中的一大难题。

（一）校企合作问题

校企双方合作目前具有多种方式。但是从实际运行情况来看，校企双方合

作情况参差不齐，有的协议签署之后并没有得到实际运行，或只是部分地运行。究其原因，主要是由于学校方面没有任何投入，企业缺乏积极性。因此，建设共享型实践教学基地是解决这一问题的一个有效地选择。

所谓共享型实践教学基地主要具有两层含义：一是校企合作双方共享。即实践教学基地，学校与合作企业都能够使用。学校用来培养学生，企业可以进行职工培训；二是与社会共享。即实践教学基地对其他企业和高校开放，实现社会共享。建设共享型实践教学基地，可以避免重复建设与资源浪费，提高设备利用率。在实践教学基地建设中，可以依托企业现有的设施，采取谁投资谁受益的原则，多渠道投资建设，按照先进性、共享性、效益性的原则，对使用者可以适当收费，有适当的盈利，以保证实践教学基地的可持续发展。

（二）学生自主社会实践问题

学生自主进行的社会实践环节，比如利用假期进行社会调查，最后一个学期（第八学期）参加的毕业实习等，都是学生自主实习，指导教师“遥控”指导，这就使得学生社会实践效果各不相同。有的学生通过自己或其他渠道找到了对口的实习单位；有的虽然找到了实习单位，但是与所学专业相去甚远；有的学生可能没有进入到任何单位实习，只是任意找个单位盖章了事。实践结束之后所撰写的调研报告以及毕业论文，与实习过程联系不大，甚至毫不相干。从近几年学生的论文选题看，其内容大多与毕业实习无关或关系不大，而是选择那些一般来说学生难以驾驭的题目，其难度远远超出了学生的实际水平以及解决问题的能力。

如何使学生的社会调查及实习有的放矢，解决实践教学“老师热、学生冷”的状态，具体措施可以通过学生社团，开展“社会小观察”方面的活动。也就是要求学生从小处着眼，通过观察周边的一个具体问题，开展调研活动，并运用自己所掌握的理论和方法，发现问题、分析问题并解决问题。比如有的同学发现学校教室晚上无人自习或上课时，仍然是灯火通明。“社会小观察”可以要求学生用三段论的方式，进行简单的描述和分析，即发现问题、分析问题、提出解决问题的建议。然后，发表在学生社团建立的“微博”上，指导教师从中挑选出较有价值的选题，指导学生做进一步的调查研究。如教室不关灯问题，表面看是节约观念问题，如果深入挖掘，可能涉及中国高校“准公共产品”的性质、财政体制、产权等问题。“经济学帝国主义化”趋势，为开展这项活动奠定了理论基础。把写得较好的调研报告或论文，推荐到报刊上发表，以调动学生社会实践的积极性。

第四节 实践教学意义

教育的本质是一种培养人的重要的社会实践活动，在微观层面上要推进理论教学、促进人的全面发展，在宏观层面上要服务于经济建设、促进社会的进步。华中农业大学王玉萍认为高校人才从宏观上可以划分为学术型和应用型，学术型人才主要指的是发现和研究客观规律的人才；应用型人才则是指应用客观规律为社会谋取直接利益的人才。潘晨光、何强则把研究型人才定义为从事揭示事物发展客观规律的科学研究人员，而应用型人才定义为把科学原理应用到社会实践并转化为产品的工作人员。事实上，实践教学最主要的意义应该就在于其在推进理论教学和促进个人全面发展的同时，能够为经济发展和社会进步培养大量的应用型人才。

一、推进理论教学

潘懋元教授认为，“实践教学培养出来的应用型人才主要是在一定的理论规范指导下，从事非学术研究性工作，其主要任务是将抽象的理论符号转换成为具体的操作构思或产品构型，将知识应用于实践。但是，应用型人才并非只应用知识和理论，不进行研究。恰恰相反，应用型人才不仅在知识的应用方面发挥着重要的作用，而且在理论的创新方面也会常常给人们以启发，特别是应用型人才所开展的应用性研究，更加具广泛的意义与作用。”

随着科学技术的发展，物质生产中的智力因素在不断增长，理论必须运用于实践并在实践的检验中不断发展。根据马克思主义关于理论和实践发展的辩证观点来讲，理论指导实践，实践证实理论并反过来会促进理论的发展。同样的，实践教学在实施的过程中，不断的证实和证伪理论教学中的一些理论，使正确的理论得到证实，并使之转化为学生的应用能力和解决问题的能力，与此同时，那极少一部分被证伪的理论作为对理论教学的反馈，则会成为促进理论教学发展的契机和创新点，在整个实践教学的过程中，学生不仅仅实践能力得到锻炼和提高，而且他们所学的理论知识也能够得到巩固和强化。实践教学的进行是以理论教学为基础和指导的，也正是实践教学的进行反过来极大促进了理论教学的发展，巩固了理论教学的成果。由此可见，实践教学和理论教学是教学和教育发展的两条腿，两者互相补充、互相促进，共同致力于培养所有学生的全面发展。

二、促进个人全面发展

根据马克思主义关于人的全面发展的学说，人类个体的形成主要包括体力和智力两个方面。体力作为生理机能是人类个体形成的一个基本方面，而智力因素则是人类自身构成的更加重要的一个方面，因此，智力和体力的和谐发展是人类发展的基本规律。个人全面发展就是个人智力和体力尽可能多方面的、充分的而又自由的发展，并在此基础上实现脑力劳动和体力劳动的结合。马克思认为实现人的全面发展应当具备三个条件，“一是社会生产力的高度发展，这是人的全面发展的必要物质前提；二是社会主义的生产关系给人的全面发展创造条件，共产主义条件下将使人的全面发展成为现实；三是教育与生产劳动相结合，体现着理论和实践相结合的原则，不仅是获得有用经验的手段，同时还是运用和检验理论知识的一种机会，是造就全面发展的人的唯一途径和方法。”

由此可见，马克思认为人的全面发展基本就是理论水平（智力）和实践能力（体力）的发展，而实践教学则正是人的智力和体力发展多方面、充分的、自由的结合，通过大学生作为活动主体，亲身参与各种实践活动，发现问题、分析问题、解决问题，从而提高个人的理论应用能力和实际动手能力，这正是培养全面发展的人的途径和方法，这也正是面向现代化、面向世界、面向未来的“三个面向”的教育的真实体现。

三、服务于经济发展和社会进步

马克思、恩格斯在肯定了黑格尔“把劳动看作人的本质，看作人的自我确证的本质”的基础上，进一步认为人是在一定的历史和社会中，积极能动地与客观世界和其他人发生着各种对象性关系的社会存在，认为“人的本质并不是单个人所固有的抽象物。在其现实性上，它是一切社会关系的总和”。因此，虽然人才的成长过程主要是在学校中，但是人才培养的目的和归宿却主要在社会中。人的社会性本质决定了个体的成长必然要受到社会的影响，而且个体存在的价值也寓于社会发展和进步之中。由此看来，实践教学从存在的第一天起就注定了是要服务于经济发展和社会进步的，以“尚实”“应用至上”为突出特点，教育与生产实践相结合，通过提高社会生产力和消除知识与劳动之间的分离和对立现象，在培养全面和谐发展的个性的基础上，服务于我国经济发展和社会进步。

面对新时期经济结构的调整和经济增长方式的转型，社会对现有人才的结构逐渐表现出了一定的不适应和不接纳的态度。自从高校扩招以来，学生数量上的激增影响到了质量上的提高，理论性人才的饱和和其实践能力方面的欠缺也越来越明显，很多本科高校出现了大学生毕业即失业的知识失业现象和大学生去从事低学历水平即可从事的工作的知识贬值现象。表面上看好像出现了过度教育的现象，其实并非如此，这主要是由于高校培养的人才的素质结构不能够适应社会经济发展转型的需要所导致的，大学生不能够找到理想的工作与用人单位找不到需要的人才并存，从而导致了人力资源的浪费和社会发展的不经济现象。

面对新时期出现的问题，我国高校实践教学的发展可以说是对症下药，它培养的正是适应知识经济时代社会发展所需要的理论基础扎实、实践能力熟练、下得去、留得住、用得上的综合型实用人才，因此，实践教学的发展和高校对实践教学的重视是有其深刻的事实根据的。根据教育经济学教育和社会经济发展的基本原理，一定时期的教育从属并受制约于一定时期的政治经济，教育必须和经济一同发展或者适度超前于经济的发展，我国高校实践教学的发展实践正是这一理论的恰当体现和真实证明。

第三章 实践教学资源

第一节 实践教学资源概述

一、实践教学资源内涵

《辞海》中关于资源的定义为"一国或一定地区内拥有的物力、财力、人力等各种物质要素的总称"。因此，实践教学资源主要指的是在实践教学的过程中，支撑教师的教与学生的学的活动开展所凭借的资源，包括实验、实习、实训、课程（毕业）设计等实践环节所需要的人力、财力以及物力等资源。对于高校实践教学，短缺的资源更多是与实践教学有关的软硬设备、仪器与场地等。

二、实践教学资源建设

（一）实践教学资源建设的依据

内容广泛的实践教学需要完整的实践教学体系的支撑。完整的实践教学体系应当包括实践教学形式、地点以及时间诸项。实践教学就其形式而言，包括课程实验、课程教学实习、专业实践、实训和生产实习、毕业设计以及社会实践、咨询服务等；实践教学地点有校内、校外，校内可以在实验室、实训中心，也可在实习场（厂），校外可以在实习基地、就业基地，也可以在能够提供实践教学条件、接受开展实践教学的其他单位；实践教学时间可以在课内、课外，也可以在学余休息时间；实践教学可以在教师指导下集中进行，也可以在计划指导下学生自主进行。利用完整的实践教学体系开展内容广泛的实践教学必须以足够的实践教学资源为基础。实践教学是以与其内容相匹配的真实环境，让学生参加模拟的或真实训练的教学。这种教学的开展必然需要一定的条件，包括适当布置或真实的训练空间、流程、材料、仪器、设备、设施等，要根据实践教学内容的需要，根据实际生产、服务、管理、试验的要求和接受训练学生规模配备实践教学条件。

（二）实践教学资源建设与优化配置

实践教学资源泛指用于实践教学的人力资源、实物资源和非物质资源。按其权属，实践教学资源主要包括校本资源和社会资源。校本实践教学资源是学校所拥有的资源，它是院校的基本办学资源，而社会实践教学资源则是社会上存在而不为学校所拥有、但能为学校所利用的资源，它是院校办学资源的重要补充，甚至可以说是必要补充。按其形式，实践教学资源可以分为人力资源、实物资源和非实物资源。

实践教学的人力资源主要是指组织、指导学生开展实践教学的教师及辅助人员；实践教学的实物资源指的是开展实践教学必需的材料、仪器、设备、设施等实物；实践教学的非实物资源是为实践教学所营造的真实环境或仿真环境，比如训练的场所空间、操作流程、操作规范以及仿真结果等。按其表现，实践教学资源又具有现实资源和潜在资源之分。现实实践教学资源是实践教学可以根据需要直接利用的教学资源，如校内实验室、实训中心、实习场（厂）、校外实习基地等；潜在实践教学资源则是虽然客观存在，但是需要经学校、教师、学生的努力或许还需花费一定代价才能为实践教学利用的教学资源。加强实践教学资源建设和优化配置，就是要根据实践教学的需要，整合不同权属、不同形式、不同表现的实践教学资源，在最大限度发挥其作用的基础上，扩大实践教学资源规模，改善其结构，满足提高实践教学质量的需求。

实践教学资源建设要考虑到学校原有基础、近期学生规模和实践教学要求，要与学生的综合职业能力和全面素质培养相适应。专业教学计划所开设的具有实验实习要求的文化基础课、专业基础课和专业课都应该建有专门实验室，实验室数应该能满足按课表开设实验的需要；实验室应该按照能开出全部实验和每位学生都能按教学计划进行实际训练的要求配备足够的实验仪器设备和设施；各专业应建有能承担本专业综合职业能力培养的实训中心，实训中心配备的仪器、设备、设施能满足职业技能训练和相关中、高级职业技能培训、考核的需要；校内外实践教学基地的数目、规模要与专业规模相适应，满足三分之二以上学生同时参加实践实习的需要。实验室和实训中心配备的仪器、设备、设施应是实际生产中新近推广或即将普遍应用的类型，具有较广泛的代表性和一定的前瞻性；校内外实践教学基地的生产、服务应达到较高水准，在学校当地和本区域具有较强的示范作用；实践教学的内容、项目要紧密结合生产实际，实践教学的方法、手段、流程、规范要求等应符合现代生产、管理、服务的需要。

实践教学资源的配置要兼顾到学生综合职业能力的培养以及全面素质培养的双重需要，要兼顾到单项技能培训和综合能力培养的需要，兼顾实践教学和产学研结合的需要，还应当兼顾学生培养和教师自身能力提高的需要。其配置在分布地点上要做到校内外结合、以校内为主，在权属上要校本资源与社会资源结合、以校本资源为主，在表现上要现实实践资源与潜在实践资源结合、以现实的为主，实现人力资源、实物资源和非实物资源的有机结合，实现实践教学质量、实践教学资源利用效率、学生能力和素质与社会需求的符合程度的整体优化。

三、独立学院实践教学资源特点

（一）教育性

教育性主要是指独立学院的实践教学资源应用于实践教学活动，服务于人才培养目标。虽然从物质层面而言，独立学院的实践教学资源与应用于企业等生产部门的资源并无二致，但是其教育特色仍然具有十分鲜明的特点。举例而言，同样的机器设备，企业为生产效率考虑，在设备布局时注重紧凑，在设备标注上注重简洁。但是当它们被应用于独立学院学生的实习和实践的时候，设备之间就必须要留出必要的空间以便教师讲授和学生观摩、操练，设备上也应当悬挂或粘贴使用说明和操作程序等文字标识供学生查看。

（二）积累性

积累性主要是指独立学院的实践教学资源具有持续累加的特点。虽然其中一部分资源属于消耗性资源，一些非消耗性资源在使用的过程中也会存在一定程度上的损耗，但是绝大部分资源都是非消耗性资源，它们都具有一定的使用年限，一旦建设完成，就能够在比较长的时期内持续使用。因而，随着独立学院的发展，资源在整体数量上必然会不断累加。这种累加既为独立学院的发展提供了有利的条件，也给独立学院的发展带来了一定的不利影响，比如资源积累到一定程度以后必然会给独立学院带来沉重的管理压力，也妨碍了资源的更新换代等。

（三）稀缺性

稀缺性主要指的是独立学院的实践教学资源就其数量上而言整体上呈现不足，就其质量而言永远处在有待提高的过程中。其主要原因：

一是资源配置的速度跟不上规模扩张的速度。独立学院诞生于高等教育大众化的浪潮中，是在原有的普通公办高校无力承担扩招任务以后，由政府主导而建设起来的，是典型的后发外生型高等教育类型。它的举办初衷主要是为了分担高等教育大众化的沉重压力，其诞生的时候又适逢生源高峰时期，因而其办学规模在短时间内急剧膨胀。而在规模飞速增长的背后，资源配置的速度却远远没有跟上。

二是与资源配置的滞后性特点有关。独立学院诞生以来，在人才培养目标、课程体系、教育教学内容、教育教学方法等方面也经历了多年的艰苦摸索。创办初期，独立学院纷纷追随其“母校”，将培养目标定位于研究型人才，直到今天，独立学院才初步形成为社会普遍认同的“本科应用型人才”的培养目标。资源配置的相对滞后性，使得独立学院在短时间内难以配置足量的实践教学资源。

三是独立学院建设的时间尚短，积累时间也短。

因而，总体来说，独立学院的实践教学资源无论在数量上还是质量上都普遍处于不充足的状态。

第二节 实践教学资源共享

一、实践教学资源共享的意义

（一）有利于降低投资成本，避免重复购置

高等院校以培养学生实践、创新、创业能力为重点而设备资源就成为其发展的基础。因此学校需要添置和更新实践教学设备。但是由于大型设备费用太高，特别是工科专业厂台设备几十万甚至上百万，而高等院校的办学资金又相对有限，这就极大地限制了相关教育的发展。如果能够实现校内、校院、校企间的资源共享不仅可为学生提供良好的实践技能提高途径，而且还可以大大降低办学成本。

（二）利于实践教学人才资源的合理利用

实践教学资源另一部分则是实践教学人才资源，这是指专职从事实验（实训）的指导教师不仅要求具有丰富的实践经验，还要有比较扎实的理论基础。这是高等教育发展的又一瓶颈。一个老师仅服务于本校、本系甚至一个专业的学生，实在是对资源的极大浪费。在今天人才资源极缺的情况下很有必要整合资源实现真正意义上的“物尽其用、人尽其才”。

（三）有利于培养学生的综合能力

实践教学资源共享还有利于增强实验实训室的综合性实验功能，更好地培养学生的实践能力、创新能力和科研能力；有利于实践教学团队专业水平的不断提高，为教学科研活动提供更好的技术服务；有利于实验实训室仪器管理水平的提高和设备的科学化管理，使其更好地发挥投资效益。

二、影响高校实践教学资源共享的因素分析

（一）思想观念障碍

从本质上讲，高校共享实践教学资源实际上是由利益驱动的，短期利益体现在学生能够获得更多的实践机会，提升实践能力；长期规模化的学生能力提

升，使学校赢得声誉，提高竞争力，获得更多资源和利益。但是传统文化观念会使人们潜意识中习惯自给自足、封闭，不利于共享，从将实验室等公共资源仅限部分导师的学生或本学院学生使用现象便可窥见一斑；在现有体制中，高校各种教育资源（如课题、经费、生源等）的获得都与其已有资源密切相关，导致高校管理者产生强烈的排他性竞争思想。因此，在高校管理者不重视长期利益的情况下，面对推行实践教学资源共享的各种阻碍，从思想上就缺少了资源共享的积极性，在客观上形成了资源共享决策层面的障碍。

（二）教育评价机制障碍

高校管理者对实践教学资源的重视，一是源于教学实践的需要；二是上级部门教育评价机制的导向作用，例如，四年一次的本科教学质量合格评估，这些教育评价体系确实促进高校保证了基本的教育实践教学资源，但是由于其评价指标主要是量化指标，对学校教育质量、人才培养等的评价在一定程度上就演变成对学校拥有的资源数量与质量的评价，导致高校对资源本身过于重视，而对资源的利用率、利用效益等问题的重视程度不够，大家都以自己拥有的硬件设备资源为荣，这在很大程度上会导致高校产生排他的恶性竞争，从而阻碍了资源共享的实现。

（三）实践教学资源管理体制障碍

实践教学资源管理体制对资源共享所形成的障碍主要体现在三个方面：

其一，在资源配置方面，由于教育经费总体短缺，作为高校办学主体和拥有资源配置权的国家、各级政府，其有所重点的发展策略导致实践教学资源在重点院校和普通院校之间事实上的不平衡，客观上造成了本就资源短缺的普通院校没有能够吸引重点院校参与共享的资源。

其二，实践教学资源的国有资产属性，导致各资源主体将资源的所有权和使用权不分，一旦国家、政府等为高校配置资源以后，资源就统归该高校所有，其他高校对该资源不具备使用权，不利于共享的推行。

其三，缺少国家或政府层面对资源共享的规范与支持的相关政策，例如，资源共享的收费标准，同时也缺少对资源共享过程、共享成效的监督机制，从而不能为资源共享的双方提供解决问题的依据。

（四）资源共享过程管理成本的障碍

在资源共享的过程中，管理成本也是阻碍资源共享达成的重要因素。对于资源提供者，既会考虑到资源使用过程中的损耗、维修等费用；也会考虑到在实施共享的过程中，需要在现有工作岗位安排的基础上，增加实践教学资源相关教学管理人员的工作强度、工作量以及工作时间，甚至是增加工作岗位等成本；还会考虑到办理烦琐的行政审批程序，学校内多个部门协调参与等因素所带来的管理压力和成本。但是国家目前尚没有关于资源共享的收费标准，资源共享的双方对收费难以达成共识，导致资源提供方会在权衡共享所带来的工作量和所能得到的报酬，从而选择多一事不如少一事，对共享没有积极性。

（五）高校实践教学资源共享途径单一

目前，高校实践教学资源共享主要分为高校之间、高校与企业之间的资源共享。高校之间的资源共享主要表现为高校依托大学城，与其他高校进行点对点的资源共享，这种资源共享方式一般是对共享的主体具有置换型对等原则、互补原则以及邻近原则的限制，资源共享达成的难度系数比较高。高校与企业之间的资源共享主要表现如下：学校利用企业的生产设备等资源，在一定时间段，派学生到企业第一线进行顶岗生产实习，达到实践教学目的。但因高校只是阶段性地利用企业资源，在企业对利益最大化需求下，高校阶段性的共享要求较难得到企业的响应。

三、实践教学资源共享机制构建

（一）构建实践教学资源共享机制的基本原则

一是坚持开放性原则。首先面向全校开放并逐步向校外、社会开放；二是坚持共享性原则，实践教学资源采取“专管共用、资源共享，分散放置、统一管理”；三是坚持成本核算，有偿使用原则；四是坚持考评考核奖惩分明原则。

（二）实践教学资源共享机制构建

以高校的教育实训基地为依托充分利用学院现有设备资源的培训优势，为兄弟院校提供实训场所，为企业培训员工，为社会创造效益，实现高校资源的社会共享。

1. 搭建共享服务平台支撑仪器设备资源共享

借助信息化手段开发实训设备网络资源管理系统。结合学校的优势和特色，从实际出发，有重点地建设实训设备共享平台，实现设备资源的优化、整合，将所有设备资源的相关信息及时发布，以方便用户查询。采取“专管共用、资源共享、分散放置、统一管理”的方式，建立预约登记制度，实现网上查询、网上预约、实时通信等功能实现大型设备使用的动态管理。

2. 建立评价体系和激励机制创新管理模式

缺乏竞争激励机制，用好用坏都是一个样是致使设备开放共享不够、效益不高的非常重要的原因。实现设备资源共享必须要具有完善的工作机制和制度保证。学校应当在充分调查研究的基础上，结合学校实际情况制订科学的评价体系以及切实可行的操作细则和激励政策、奖优罚劣。制定具体可行的实验实训室开放和设备共享的配套制度，打破“谁占有谁使用、重买不重用、重有不重管”的状况，把管理设备的权利和义务紧密结合从制度上保证大型设备资源的共享。

3. 设立共享基金

各个学校普遍存在设备运行中常常由于经费不足而使设备的功能得不到有效开发，甚至不能够保证及时维修，从而造成设备利用率低、开放共享不高。设立共享基金建立从申请、管理到效益跟踪的实施系统，能够有效解决设备维修、改造与功能开发等问题促进设备开放共享。

（三）要实现资源共享还要认识和解决好几个问题

1. 转变观念更新理念

进一步认识实践教学设备共享平台构建的重要性，更新观念，克服传统的工作习惯，变被动接受为主动出击，努力推进实践教学资源的共享。

2．把好建设关

在实训室建设之初就需要充分考虑到资源共享性。根据办学规模、实践教学以及科研工作需要，依据教学大纲充分考虑相关专业实践项目的共性。本着“专管共用、资源共享”的理念科学计划合理建设，避免多建、重建、低效率建设。

3．把好实践教学设备配置标准关

实践教学设备配置标准要以“满足教学需要兼顾科研”为主要原则，根据承担的实践教学工作任务确定设备配置数量，一定要尽量避免资金浪费现象。

4．加强人才资源建设

设备共享不仅是实训室，设备的共享更重要的是人才资源的共享。加强人才资源建设就是要建立一支高水平的且相对稳定的实训教学队伍。要创新政策使高水平的人进得来稳得住，建立健全管理、培训和激励机制，为高技能人才提供一个发展的平台。

第三节 实践教学资源的整合利用

一、高校实践教学资源整合利用内涵

（一）实践教学基础硬件设施资源

主要是指校内实践教学设施和校外实践教学设施的建设及利用问题。校内实践教学设施主要包括校内课程实践教学硬件设施、校内实验室、校内实践基地等。校外实践教学设施主要包括学年社会实践教学资源、校外实践基地以及校办产业园区基地等。

（二）实践教学资金资源

主要是指校内实践资源和校外实践教学资源建设的资金来源与利用问题。校内实践教学资源建设的资金主要来源于校内实践资源建设的下拨资金和相关的配套资金。校外资金主要包括来源于国家（省部级）实践教学资源建设项

目的下拨资金和配套资金、产学研合作的实践资源资金、校外实践基地建设外来资金等。

（三）实践教学师资资源

主要是指校内实践教学师资和校外实践教学师资配备与利用问题。校内实践教学师资主要包括校内专职实践教学人员和兼职实验人员，校外实践教学师资主要包括校外产学研实践基地聘用师资、外校聘用师资和校外客座培训人员等。

二、高校实践教学资源整合利用的意义

实践教学资源整合的主要目的是既能够满足校内外资源共享的需求，也能够提高实践教学资源的利用效率。具体主要为：

第一，有利于发挥高校的整体优势，通过不同学科实践教学资源的整合利用，实现不同学科的交叉与融合；

第二，有利于高校实现实践教学模式的创新，提高实践教学教育质量；

第三，有利于完善高校与企业之间的“产、学、研”合作机制，在实践中服务企业、服务区域经济发展；

第四，有利于提升师生理论联系实践的能力，拓展师生知识视野，提高学生的创业、就业能力，切实培养出高质量的应用型人才。

三、高校实践教学资源整合利用的方式与途径

（一）实践教学师资资源的整合利用

高校实践教学师资队伍建设一直是制约本科实践教学质量的“木桶短板”，因此加强实践教学师资资源的整合利用具有重要的意义。具体途径为：

1．完善高校实践教学师资队伍建设机制

目前高校普遍存在“重科研、轻教学”和“理论教学水平虽然比较高、实践教学水平却偏低”的普遍现象，因此应该制定教师定期进行实践锻炼的奖惩制度，强化校内教师的实践教学能力。

2. 创新人才培养方案

通过创新人才培养方案，加强通识课和公共选修课的建设力度，以此聚合实践教学师资资源，比如：可以通过采用开放型的实践教学模式，实现不同学科的实验室和实践基地共享，鼓励不同学科的学生积极参与各种实践锻炼和科学实验，从而提高实践教学师资资源的利用效率。

3. 聘用相关从业者作培养导师

聘用校外实践基地或者相关企业高水平的从业者为联合培养导师，一方面能够弥补校内师资短缺和实践能力不足的问题，另一方面还可以加强与实践基地的沟通与联系。

4. 聘用客座导师

可以考虑聘用外校有丰富实践能力的实践教师为客座导师，利用校内、校外两种师资资源实现水平型的实践教学师资资源整合利用。

（二）实践教学信息化资源的整合利用

目前，高校信息化建设进展比较迅速，通过校园网学生可以浏览和下载海量的教学资源和信息，但是，实践教学信息数字资源却缺乏整合，利用效率不高。整合利用的具体途径主要为：

第一，不同学科实践教学资源（例如实验课程建设信息化资源、模拟实验软件资源、大学生创业训练计划资源）在校园网内开放，学生可以通过校园内任何一台联网终端机进入相关的实践课程进行学习。

第二，及时发布不同学科的实践教学资源建设情况，主要包括校内外实践基地建设情况，使师生及时获取相关实践教学信息，并展开实践锻炼。

（三）实践教学硬件资源的整合利用

高校实践教学硬件资源涉及到校内硬件资源和校外硬件资源。校内的实践教学硬件资源主要包括不同学科建设的国家级、省部级、校级以及院级等各类实践基地、实验室以及相关的仪器设备、图书资料和讨论教室等，整合的途径主要是采用预约登记审批制开放这些实践教学硬件资源，不同学科的师生按需适时选择实践资源进行实践实验锻炼。而校外的硬件资源主要包括校企合作的挂牌实践基地、校办产业的实践基地、其他院校的实践基地的实验室、仪器设备等，但由于权属性的差异，可以通过交流与沟通的方式，有选择的付费开放硬件资源，实现实践教学资源的整合利用。

（四）实践教学学生资源的整合利用

高校实践教学学生资源整合利用主要指的是不同学科的学生依托不同的知识背景以提高实践教学资源的利用效率，可以鼓励不同学科的学生组建实践团队，参加各类级别的创业杯、挑战杯等实践训练计划项目，也可以鼓励不同学科背景的学生进行实地的创业。

（五）实践教学资金资源的整合利用

高校应当统筹安排各项实践教学资金的投入与使用情况，鼓励不同学科联合申报各类实践教学项目，加强不同学科的“产、学、研”合作资金的管理，实现实践教学资金资源的合理有效利用。

四、加强高校实践教学资源整合利用的建议

第一，高校各学院、各学科应当转变观念，统一认识，以提高学校实践教学资源利用效率为核心，强化动员机制。

第二，实践教学资源整合利用应该坚持效率优先、资源共享的原则。部分高校的实践表明，学院不能够站在全局的角度考虑实践教学资源共享的问题，导致重复建设问题突出，投建的费用和交易成本不断增加，但使用效率却普遍较低。

比如，学校大型昂贵仪器设备不能在学院间、学科间共享，重复招标，购置后却长期闲置，导致资源浪费。因此，建议大型昂贵仪器设备购置时，考虑仪器设备的使用效率，可以构建开放型的实践教学体系，即不同学科的学生试验时采用预约登记审核制，实现不同学院、不同学科之间大型昂贵仪器资源共享。

再如，不同学科各自为政，导致一个企业与不同的学院、学科组分别谈判

构建实践基地，造成时间成本和机会成本增加。因此，可以考虑选择大型且有接纳能力的企业，构建不同学科之间的综合实践教学体系，集产、学、研为一体，既有助于学校师生间不同学科的沟通与交叉，也有利于校内、外师生的实践能力的锻炼与提高。

第三，实践教学资源整合利用应当明确责、权、义。由于实践教学资源涉及到校内资源、校外资源权属不同在整合利用时涉及多方的责任、权利和义务，因此可以通过契约的方式建立长期的实践资源共享机制。

第四，构建实践教学信息化平台，加强实践教学资源不同主体和客体的沟通。

五、实践教学资源整合目标与评价主体

由于实践教学资源的性态不同、归属主体不同和专业要求各异等原因，实践教学资源整合涉及到高校、企业、行业、政府部门、社会等众多主体，高校实践教学资源整合目标本身也是一个体系。高校实践教学资源整合目标应为：多方共赢，权责利明确，以实现高校对接社会发展人才需求培养为基础，众多主体参与并能形成高效、有序、持续的共建共享。多方共赢，权责利明确是高校实践教学资源整合以及实践教学开展的保证，离开了它，实践教学活动无法持续开展，相关教学资源整合也缺少了基础；实现高校培养社会真正需求的专业人才，是高校实践教学资源整合的根本目的，众多主体参与、高效、有序、持续的共建共享是其整合的重要特征。

为了获得公平客观的评价结果，利于实践教学活动持续有效的开展，参与高校实践教学评价主体也应该是多方面的利益相关者。为了确保评价的可操作性及权威性，评价应该是在类似“地方高校实践教学委员会”指导下开展的，该指导委员会应该由地方高校、政府相关部门、行业协会或代表企业共同组成，同时为了便于数据收集与提高评价效率，地方高校实践教学委员会的成员由上述主体的领导或专家组成，并通过适当的制度安排，实现高校实践教学管理与评价的长效机制。

六、实践教学资源整合评价指标选择

高校实践教学资源整合评价是一个多角度多主体参与的过程，既包含有定量的指标，也具有定性的指标。依照导向性、科学性及可操作性等原则，利用层次分析法，高校实践教学资源整合评价指标体系可以为：

高校实践教学资源整合效果作为一级评价目标，二级指标包括实践教学资源整合效果、社会效益、开放性与协调性。其中，实践教学资源整合效果指标含有实践教学与人才培养规格达成度、实践教学环节完备程度、校内实践资源利用率、校外实践资源利用率、校内实践资源共享率以及高校之间实践资源共享率等六个三级指标。社会效益用校企合作完成项目数量与价值、学生区域内实习与就业率两个指标来评价。开放性包括地方行业与企业参与程度、合作对象甄选与退出机制完善程度两个三级指标。地方高校实践教学资源整合效果的协调性由实践教学成本节约程度、冲突事件处理效果，以及资源整合持续改进效果这三个指标来考核。

高校人才培养方案的制定和修改均是在了解掌握社会对专业人才需求现状以及趋势的前提下实施的，其过程本身就是高校与社会、行业互动的结果。实践教学目标、内容、质量、师资、软硬件配备等环节不仅是人才培养的重要组成部分，实践教学与人才培养规格达成度更是一个高校实践教学资源整合的整体反映。实践教学环节完备程度该当包含实践目标、内容、质量、方式、评价等基础部分，也应该包含认知实习、专业实习、毕业实习等合理衔接与安排。校内实践资源利用率反映高校内部相关专业之实验设施、设备、器材的有效利用程度；校外实践资源利用率衡量在校外的实践教学基地、校企合作项目中，多专业、企业群之间的场地、人员、培训内容等资源整合状况。校内实践资源共享率是考核高校内部不同专业师资、校外实践基地、联合攻关项目等环节中共建共享水平；高校之间实践资源共享率是指同地区不同的高校之间，以及不同地区高校之间实践教学资源共建共享程度。社会效益用校企合作完成项目数量与价值，以及学生区域内实习与就业率两项指标来衡量，其中校企合作完成项目包括学校与企业之间的横向项目，校企共同申报的纵向科研课题等，其价值用这些项目的合作金额，或纵向科研项目获批的层次决定；学生区域内实习与就业率可以从绝对人数，增加比例来反映高校实践教学的社会成果。

高校实践教学资源整合立足于当地，但是并不完全局限于当地，用地方行业与企业参与程度，和合作对象甄选与退出机制完善程度两项指标从影响力与制度方面来反映实践教学资源整合的开放性。

资源整合的内核在于把有限的资源通过协调机制配置到最合理的环节，可以用实践教学经费的节约程度、不同利益主体间的冲突处理渠道、时效，以及整合过程中反馈情况应用于后续改进等三个指标来描述高校实践教学资源整合的协调性。

第四章 泛在学习下实践教学体系构建

第一节 泛在学习下实践教学体系构成要素

一、实践教学体系理论框架

广义的实践教学体系主要是由实践教学的目标体系、内容体系、管理体系以及保障体系所组成，在实践教学体系运行中，各个部分既要发挥各自的作用，又要协调配合，以实现实践教学体系的总体目标。狭义的实践教学体系是实践教学内容体系，是体现在人才培养方案中具体使用的实践教学计划。

（一）实践教学目标体系

实践教学目标是实践教学活动的初始环节，也是实践教学活动运行的内控因素，它对实践教学内容的安排、管理制度的制定与保障措施的采取具有引导与规制作用。

当前，我国高校教学普遍遵循的是先理论，后实践的模式，推崇从理论到应用的认识论逻辑。实践教学被看成是依附于课堂教学的，是课堂教学的延伸和补充，没有自身的相对独立、完整的教学体系，甚至没有自己明确的教学目标，这种状况，严重制约了应用型创新性人才培养目标的实现和教学质量的提高。因此，加强实践教学研究，明确实践教学目标，对于完善实践教学，提高实践教学质量，实现人才培养目标具有重要意义。

（二）实践教学内容体系

实践教学内容体系主要是指各个实践教学环节通过合理配置，呈现出来的具体教学内容，它是实践教学目标体系的具体体现。实践教学内容体系的构建模式主要有两种，传统的按学科划分的实践教学内容体系以及按能力层次划分的“分层一体化”的实践教学内容体系。

比如：经管类应用型创新人才培养强调以“实践能力、创新能力”来组织教学，因此其实践教学内容体系的构建一般采取后一种模式，实行“分层培养、层层递进、逐步提高”，具体包括：基本素质层次培养，以 1 年级学生为主；专业基础技能层次培养，以 2 年级学生为主；专业技能和综合能力层次培养，以 3 年级学生为主；研究创新能力层次培养，以 4 年级学生为主。在人才培养方案中，各层次能力的培养，具体是以各年度安排的实验、实习、实训、论文、参与科研以及竞赛活动等形式进行组织。

（三）实践教学管理体系

实践教学管理体系主要指的是管理机构和人员、规章制度、管理手段和评价指标体系等共同形成的管理网络，在整个实践教学管理体系中，它进行信息的反馈和调控，主要起到控制作用。实现实践教学和理论教学“双轨同步”，提高实践教学质量。所以，完善可靠的实践教学管理体系的建立是必不可少的。

（四）实践教学保障体系

实践教学保障体系是指实践教学指导教师队伍、技术设备设施等校内实践教学平台以及校外实习基地和实践教学环境组成的教学保障体系。实践教学保障体系对开展实践教学起着非常重要的支撑作用。

二、实践教学体系理论基础

（一）实用主义教育思想

实用主义的创始人是皮尔士，经詹姆士得以充分的发展，而杜威是实用主义的集大成者。他将实用主义哲学与教育进行了有效结合，提出了自己的教育思论，比如“从做中学”“教育即生活”“学校即社会”等关于教育本质的理论，一直是西方 20 世纪教育改革的思想源泉。

1．实用主义的“从做中学”说

杜威的“从做中学”已经是我们耳熟能详的一个著名理论，在课程设置、教学方法到教学组织形式和教学过程，“从做中学”的原则始终贯穿于整个教学的过程之中。杜威的“从做中学”实际上也就是“从活动中学”的意思，他提出的活动形式包括园艺、烹饪、缝纫、印刷、纺织、油漆、绘画、唱歌、演戏、讲故事、阅读以及书写等多种形式。他认为学生知识的获得主要是通过参与具体的实践活动，自己发现问题，并对问题进行加工分析，然后在解决问题的实践过程中获取知识。这一理论思想为实践教学奠定了理论基础。

2. 实用主义的“教育即生活”说

杜威在《学校与社会·明日之学校》一书中针对传统教育中的“教育预备说”提出了“教育是生活的过程，而不是将来生活的预备”。从杜威的这一思想中能够得出：生活即是实践，实践即是生活。我们可以在日常生活实践中获取很多在书本中无法学到的经验知识，这也是实践教学相对于理论教学的优势所在。杜威指出：“以经验为基础的教育，其中心问题是从各种现时经验中选择那种在后来的经验中能富有成效并具有创造性的经验”。因此，在教学过程中应该注重实践教学环节的设计，让学生能够真正地体验生活乐趣，积累知识，丰富人生阅历。

3. 实用主义的“学校即社会”说

“学校即社会”思想是在“教育即生活”的基础上衍生出来的，杜威认为“学校主要是一种社会组织，教育既然是一种社会过程，学校便是社会生活的一种形式。”因此，学校不仅仅是传授知识的场所，而且要成为学生提前适应社会生活的一种小型的社会雏形。学校和社会之间的关系，奠定了教育与实践的内在联系。

杜威的实用主义理论在20世纪初对世界教育史产生了非常深远的影响，在很多著作中均有所体现。比如单中惠在《现代教育的探索——杜威与实用主义教育思想》一书中提到“自1900年杜威的教育著作在国外翻译出版后，至少已被译成35种文字……。很少能有一位教育家像杜威那样，有那么多的著作被译成那么多种文字出版”。但实际上，任何一种理论思想都有其自身的适用性与局限性，杜威的实用主义思想也不例外，它过于理想化。在当时的社会文化背景下，实行起来比较困难，对教师的要求也过高，而且“学校即社会”这一思想过分夸大了学校的功能，同时也没有给社会进行正确的定位。“从做中学”强调了机械劳动的作用，似乎回到了古代手工制作社会，而在社会主义高度发展，急需大量技术工人的时代，这种教学方式只适用于低年级。所以杜威的实用主义思想一直是备受争议的。在我国，我们可以结合我国国情，创新地应用实用主义思想来指导职业教育的实践教学体系的构建与完善，有一定的积极作用。

（二）能力本位思潮

能力本位职业教育思潮是始于20世纪60年代的一股世界范围的职业教育与培训思潮。顾名思义，其重心应当放在能力上，它是以从事某一具体职业所必须具备的能力为出发点来确定培养目标、设计教学内容、方法和过程以及评估教学效果的一种教学思想与实践模式。“能力本位”的提出是针对高等教育“知识本位”弊端的基础上提出来的，强调对学生专业能力、方法能力以及社会能力等岗位综合能力的培养。能力本位思想对高等教育实践教学具有巨大的指导作用，实践教学的目标、内容、课程、教材、师资、基地建设等都应该体现能力本位思想。

“能力本位”思想重点强调岗位综合能力的培养，其本质是融知识、技能和态度为一体的素质结构。这一结构主要由四个要素构成：第一，完成职业任务所要求的基本能力，如知识运用能力、技术应用能力；第二，完成职业任务所要求的基本职业素质，也就是20世纪80年代德国企业界所普遍倡导的“关键能力”，它包括合作能力、公关能力、心理承受能力、解决矛盾能力等；第三，职业岗位变动的应变能力和就业弹性即快速适应转岗后工作的能力；第四，在技术应用领域中的创新精神和开拓能力，如工艺流程的革新、加工方法的创造、管理方式的变革等。

以“能力本位”为指导的实践教学体系符合市场对职业教育人才的需求，能力本位职业教育的教学目标明确，注重通过实践教学活动培养学生的动手操作能力。能力本位实践教学活动的设计遵循能力培养主线，因而针对性和可操作性强。但是能力本位为指导的实践教学存在优势的同时一也存在着自身的局限性：第一，教育目的功利性。在教育目的上强调学生职业技能的培养，忽视学生职业素质的提升。第二，教学方法的孤立性。在教学方法上只强调针对具体岗位所需的职业能力进行培训，却忽视对其他相关职业的职业能力培养，使日后的职业迁移性和继续学业受到影响，不利于学生的可持续发展。第三，教学活动的机械性。以能力本位为指导的实践教学，强调在工作过程中培养学生的职业能力，学生通过不断重复的生产活动来培养动手能力，缺乏创造性，因此不利于学生创造精神的培养。

第二节 泛在学习下实践教学体系特征及课程体系优化

一、实践教学体系特征

实践教学体系伴随着社会、经济以及文化的发展而不断地进行自我完善，在完善的过程中，它既要反映社会与科学发展的要求，同时也要受人才培养目标、学校教学条件以及学生认知特点的制约。科学、合理的实践教学体系是实现高校人才培养的重要基础。通常，科学、合理的实践教学体系应当具有以下几个方面的特征：

（一）教学目标的明确性

实践教学是高等教育中的能力教学，其教学目标指向比较明确。实践教学的教学目标可以分为两个层次：一是总体目标，实践教学总体目标是培养学生具有专业素养以及职业岗位综合能力，以适应岗位需求，具体到各个专业，教学总体目标更加明确、定向。二是阶段目标，实践教学一般可以分为基础课学习阶段，专业基础课和专业课学习阶段，实习阶段。不同的教学阶段对应着不同的教学阶段目标，但不管是哪个阶段都要求实践教学具有比较明确的教学目标，作为实践教学的出发点与落脚点。

（二）教学内容的动态性

实践教学与理论教学有所不同，理论教学主要是对人类历史知识的积累与传承，而实践教学则是对生产工序的讲解、岗位技能的传授，因此，二者的教学内容也不相同。实践教学的教学内容与生产技术联系比较紧密，随着社会和科学技术的发展，实践教学的内容也在不断地更新、调整，实践教学内容是随着生产技术的革新而在不断动态变化着的。

（三）教学方法的灵活性

教学方法主要是指教师将知识、技能传授给学生时所采用的教学方式，传统教学课堂中采用的教师讲，学生听的“传授法”已经不再符合高等教育中实践教学的要求，实践教学过程注重教师的言传身教、学生的动手操作以及团队合作工作的开展。因此，实践教学目标的特殊性、教学任务的复杂性、教学内容的动态性等都决定了实践教学教学方法的灵活多样性，目前，高等教育中最常见的实践教学方法有，项目法、角色扮演法、案例分析法、小组讨论法、任务引领学习法、竞赛学习法等。

（四）师资团队的“双师性”

实践教学的特殊性决定了实践教学教师的“双师性”，双师型教师是实践教学得以实施的有效保障条件之一。高等教育实践教学教师不仅需要具有教学技能还应当有相应的职业技能，即为“双师型”教师。在教学过程中，实践教学教师既要了解所教科目内容，并采用恰当的教学方法进行课堂理论教学，又要具有该科目的职业技能，即相关职业的实践能力，也就是说，要能够给予学生现场学习的指导，但考虑到一个人的能力和精力是有限的，不可能也无法做到在理论和实践教学两方面都有所造诣。因此，我们提倡建设“双师型”教师团队，要求在某专业教学小组中，既有理论知识讲解的专家，又有现场传授技能的技术人员，加强理论教师和实践教师的合作教学，充分发挥“双师性”师资团队的合作能力。

（五）实训基地的开放性

高等教育中实践教学的实训基地与普通教育的实验室有所不同，实践教学的实训基地需要一种真实的或是仿真的环境，以便于实践教学的开展。实训基地教学环境的仿真性、教学设备的真实性、教学对象的特殊性，共同决定了实训基地的开放性。

实训基地开放性主要体现在两个方面：一是高等院校校内实训基地对学生的开放。由于实训时间比例加大以及学生的认知水平的差异性，实践教学要求实训基地能够延长开放时间，让学生根据自身需求进入实训基地操作，完成教学任务，掌握相关技能。二是企业车间对学校的开放。由于高等院校自身条件的限制，它不可能建立大型的、完善的实训基地，为完成实践教学任务，学校必须依托企业车间，建立校外实训基地，使实践教学能够在企业车间得以顺利开展。

二、实践课程体系的再优化

实践教学要拓展为实践教育，必须将实践教学融入到人才培养系统的整体规划之中，在课内与课外、专业内与专业外、校内与校外等方面实现实践教学与理论教学的相互融合、促进。

（一）课内和课外相结合

心理学家冯忠良教授在长达30年的“结构—定向教学”研究过程中提出了心智技能培养的“原型定向→原型操作→原型内化”三阶段论。由于心智活动是完成实践活动的主要反映，所以心智技能的培养，首先必须要确定心智技能的实践模式或操作活动程序，也就是确定心智技能的“原型”，然后经过学习和训练，才能达到高度自动化程度来解决客观世界中存在的具体问题。在目前课程体系以理论课程为主的情况下，促进课内和课外相结合的实质就是要促进实践教学与理论教学的结合，在培养方案中将理论课、实践课以课内和课外一体化的形式构成相互交叉、相互融合、相互渗透的整体教育体系。

课内和课外深度结合的形式主要有两种：

1．理论课程实践化

理论课程的改革是实现理论教学和实践教学结合的基础。上世纪末，美国康奈尔大学、斯坦福大学、加州伯克利大学等8所大学联合进行了一个为期5年的工程教育改革计划，试图改变工程专业课程彼此分离、各自独立同时各课程抽象化且不与工程实际相关联的状况，以“综合”作为改革的核心思想，将设计在内的工程知识与社会上普遍关心的实际问题相结合进行集成；在一年级设置工程设计课，同时大力组织“综合课程”，大量开发“课程模块”。由此可以发现，理论课程的教学要改变以往就理论讲理论的教法，应当遵循从实践到理论再到实践这一人类的认识规律，在理论课程中渗透实践教学的成分，设计一个完整的实践教育过程，实现学与用兼容并进。将更多的理论课程改造成综合性课程、研究性课程、PBL 课程、案例分析课程、讨论课程以及项目式课程等。

2．课外实践课程化

将课堂教学这一组织形式扩展到学生自学活动、社会实践活动以及扩大到科学研究活动，已经成为世界高等教育发展的一大趋势。在培养方案中可以将社会实践、科研活动、创业活动等进行必要的课程化改造，使之成为正式课程，或者设立第二课堂学分予以承认，同时可以特设进行实践教育的“短学期”。

（二）专业内和专业外相结合

实践能力的培养显然不只是一般操作技能的培养，而是包括实践知识、实践理性、实践策略以及实践智慧等在内所形成的一个有机整体，其中“实践知识是基础，解决怎么做的问题；实践理性是内核，解决做的方向问题；实践策略是实践知识转化为实践智慧的中介，受到实践理性的制约，解决怎么能够做得更好的问题；实践智慧则起到统摄作用，解决面对复杂的、新的事情，怎么创造性地去做的问题”。

实践教学的价值，不仅在于使学生能够学到专业实践知识，更在于将这种专业实践知识运用到技术、经济、管理和市场的广泛界面之中，在实践中生成实践理性、实践策略以及实践智慧。这种综合性特征，使得实践教学成为推进素质教育的有效载体，让学生在未来承接、规划、决策、实施工程与其他任务的过程中不至于陷入单纯业务与技术的范畴，而能够从复杂事物发展的整体与相互联系上面把握工程或其他要解决的问题。这就需要在实践教学体系上将单一的专业化的实践教学体系拓展为兼容专业、人文、经济、管理、环境等内容的综合性实践教学体系。

（三）校内和校外相结合

随着大学与社会的关系日益密切，大学教学采用“合作教育”的方式促使教学活动与企业相结合实现“产学研”一体化已经成为一个重要趋势。一方面校内一些需要认知、操作的课程可以从课堂上走进生产车间，依托区域产业的典型产品、科研成果、技术应用成果，建立起产品认知、技术认知以及企业文化认知的课程认知和实践体系，推进校外创新实践基地建设，设立实践项目；另一方面，校外实践活动也可以通过适当抽象，转换成校内实践课程、项目，通过校企共建教学实验室、学校建设模拟实验室、课堂应用等方式，设计探究性实验项目、案例式教学、模拟工程项目，结合区域产业优势，举办区域工程设计赛事，使学生创新活动与社会、产业紧密结合。

第三节 泛在学习下实践教学体系构建

一、实践教学逻辑体系

（一）课程实践教学

课程实践教学主要是指根据专业人才培养方案，围绕某一具有明确知识体系的课程，旨在增进理论知识理解，提升专业技能而采取的具有实践特征的教学方式。由于专业课程涉及公共课程、专业课程以及方向探索课程模块，每一模块的具体课程都可能存在实践教学的方式，其教学时间的长短与形式，可以根据课程本身的性质不同而有所区别。

就其形式而言，课程实践教学主要包括：

1．实验教学

师生依托专业实验室，结合实验教学大纲，采取带有设计性或综合性实验的教学形式。根据实践教学的本质与目的，实验教学中教师所采取的演示性实验，不作为实践教学的形式，因为这种实验以教师为中心，其目的是理解程序、记忆知识，学生动手参与较少。

2．问题辩论

对于文科以及理工科的基础理论课程，实验教学的形式较少，教师有必要围绕某一问题，以学生为中心，通过辩论方式深化对特定问题的认识。问题辩论作为实践教学的形式，可以学生为主体，打破教师中心传统，转换教学模式，实现由无问题教学转向问题式教学，发展学生质疑问难的意识与能力。

3．课题探究

实践教学需要在课程教师的指导下，立足专业基础，打破课堂空间限制，使课内与课外连为一体，体现大学组织的学习型特征。这就需要教师在课后作业中以小课题的方式留出自由探索与思考的空间，学生通过梳理文献、实验探索，自主完成相关课题的探讨。

4．考察体验

针对教学中存在的重难点问题，依托校内外实践教学基地，在教师指导下，学生通过问卷调查、个人访谈、动手操作以及情景体验等方式，增进知识理解，熟悉生产技术，深化问题认识。

（二）专业实践教学

受到传统课堂教学、学习时数以及课业考查标准的影响，公共基础课程与专业课程占据优势地位，使得师生在心理定势上将每一门以及每一次具有明确知识体系的教学作为课程，缺乏学科专业的系统观念，淡化学科专业综合教育。实际上，之所以出现大学专业教育的系统性让位于具体课程的分散性现象，根本原因在于受教师教学能力与学生接受能力的影响，实施综合性教育的难度比较大。因而，在传统分门别类的课程教学中，需要确立专业教学的整体观念，从特定课题入手，适度增加综合性实践教育课程，增强专业教育的系统性。

专业实践教学是依托综合性的专业实践课程或问题而实施的教学形式，主要包括：

1．专业实习

这是大学实践教学最普遍的一种形式，是某一专业综合性训练的稳定课型，也是大学专业实践教学的典型代表。通过专业实习使学生进一步理解该专业的社会适应范围、适应程度和适应条件，为深化专业学习、弥补专业缺陷奠定基础。

2．综合性问题探究

这种形式区别于某一门课程中的小问题探索，突破了某一课程的垄断地位，体现出学科的多元性和交叉性，从课程模块进入学科专业领域。比如毕业论文专题研究，就是综合性问题探索的最好例证。

3．职业实践

这一教学形式是通过带有职业模拟或现场实践的方式，感受相应职业所需要的专业知识与专业技能，为入职工作做好相应的准备。与专业实习不同，后者侧重于专业理解与专业技能，前者侧重于岗位工作，重心是增强学生的职业适应性。

（三）社会实践教学

与上述教学形式有所不同，社会实践教学进入更加宏大的时空场景中，其主旨在于使学生进一步认识专业知识与专业伦理的关系，把握职业生活与公共伦理的界限，提升学生的自律意识以及社会责任意识。实际上，处理好学校与社会的关系是一个难题，特别是大学与社会之间，一方面理应保持适度的距离，维持张力，让大学安静地探讨高深专门知识体系，也能够使大学以其独立的文化性格批判与引领社会。另一方面，大学面对社会发展需求，又需要积极融入，提供有效的智力支持。大学教育既不可能如陶行知所提倡的走出学校在社会中办教育，也不可能如杜威所提倡的把社会上需要的内容全部纳入学校中进行教育，而是要从学习型组织理论出发，充分利用大学阶段的整个时空，合理设计社会实践教学，体现大学实践教学的完整性。

社会实践教学主要是指在学校与社会共同作用下，充分利用大学时段的所有空间，集中时间，在不同区域进行跨学科交流、较为宏观的问题探索以及有针对性的社会考察。

1．小社会实践教学，即课外实践教学

这种形式立足于学生经常性学习与生活空间，以兴趣为基础自由组合，采取课外小组的方式，进行跨学科交流，比如大学社团活动，围绕社会问题、学术问题以及生活问题进行讨论。比如哈佛大学将本科生社团活动作为课程类型，从 18 世纪初第一个青年学子会开始，目前有包括学术和职业、艺术和表演以及种族和社会问题等 12 大类本科生社团。

2．大社会实践教学，即校外实践教学

这种形式主要包括社区参与、社会体验与问题调查。前两种主要是通过无目的游历或有目的观察，使学生深入社区内部，体验不同区域的风土人情，了解当下的社会问题与现实诉求，增进社会问题意识与责任意识，积累相应的社会实践知识，克服传统大学教学中无“现实”的现象。后者是通过带有本专业或相应职业的宏观问题，如大学生“三下乡”活动，让学生带着明确的目的，在志愿活动、科普服务、文化传播等多种服务中，调查研究，提升适应与引领区域经济社会发展的能力。

二、构建实践教学体系

（一）目标体系构建

实践教学目标体系为高等教育活动提供了指导和依据，是实践教学体系构建的基础。可以说，目标体系是整个高等教育实践教学体系的核心，它在某种程度上决定了剩余部分的构建，同时其还与内容体系、管理体系以及保障体系的功能水平紧密联系在一起，对整个实践教学体系起到了引导驱动性作用。

具体而言，高等教育实践教学体系的构建应该以职业能力培养为主线，全面构建综合职业素质、岗位职业能力以及职业发展能力等培养体系，尤其要明确大学生应该具备的实践能力、操作技能、职业素质以及专业知识等，要重点突出大学生所需要具备的核心能力和高等技能，为教师在实践教学体系中引导功能地有效发挥创造有利条件，从而实现全面发展学生的基本目标。

值得提出的是，职业资格证书是学生未来走进企业、适应岗位的凭证，其目标设计必须要遵照相关行业以及企业的职业岗位任聘要求进行，适当地引入企业或单位认定的职业资格标准，以此来确定大学生应该取得职业资格证书的种类和数量，从而为大学生未来择业、就业奠定基础。

（二）内容体系构建

在高等教育实践教学体系中，所谓的内容体系主要是指经过科学合理配置的各实践教学具体内容。从某种意义上来讲，内容体系是对目标体系的具体阐述和重要体现，其主体是大学生应该具备的技术应用能力，重点在于培养大学生的专业核心能力以及高端技能，遵循由简单到复杂、由单项到综合的基本原则，按照基本技能、专业技能、高端技能以及综合技能的培养层次，循序渐进地构建高等教育实践教学内容体系，从而全面、充分地体现高等教育实践教学体系的特征。

高等教育实践教学内容的选取要建立在实际工作过程及其相关任务的基础上，以满足社会发展和学生就业需求为本，准确地融入职业岗位需求、企业人才认定标准等，有机地将理论教学与实践教学整合在一起，为大学生职业能力与技术应用能力培养和提升奠定丰富的内容基础。

相对目标体系的引导驱动功能而言，内容体系在整个高等教育实践教学体系中起到的是主导受动作用。实践教学内容体系的构建需要高校、行业及企业专家协作完成，如此才能够最大限度地保证该体系构建的实效。

（三）管理体系构建

高等教育实践教学管理体系主要指的是管理制度、管理单位、管理人员、管理手段以及管理评价的集合体，它在整个高等教育实践教学体系中扮演着反馈与调控者的重要角色。相较于理论教学管理体系，实践教学管理体系稍显复杂、面广，受到诸多因素的制约，其实际操作难度系数也比较大。因此，要想保证高等教育实践教学体系高效性地发挥，就需要构建完善的管理体系，包括明晰的管理体制、优良的管理队伍、健全的管理制度、规范的教学文件、科学的评价指标以及有效地监控规程等。

高等院校需要建立院系分级管理模式，由院级实训中心管理机构负责实训教学管理的大体方向，而由系部实训管理中心负责具体的实践教学管理细节。在此基础上，各管理负责中心则需要根据本院校的实际情况，提出一些行之有效的制度建设建议或意见，总结归纳好之后上报给决策层，共同制定完善的管理制度、考核制度、评价制度、激励制度等，并注意把实践过程中发现的问题或改进意见及时反馈给相关管理系统。与此同时，高等院校还需要重视管理手段创新，认真贯彻以人为本的理念和原则，努力创造校内良好的人文环境，以促使广大师生积极参与实践教学。

（四）建立健全实践教学保障体系

构建实践教学体系是顺利完成实践教学各项内容的重要保证。保障体系包括组织体系、学分管理、管理制度以及实践教学评价和考核等内容。

1．完善实践教学组织体系

建立上下协调、分层管理的实践教学组织体系。实践教学方面的重大决策主要是由学校教学指导委员会进行讨论决定，教务处主要负责对日常实践教学进行宏观管理，制定相应的管理办法和措施，各学院（系）院长（主任）全面负责本院系实践教学工作，根据专业特点不断完善人才培养方案，院系教学负责人具体负责有关实践环节的管理、组织与实施工作。

2．将实践教学纳入学分制管理的轨道

实践教学的形式多种多样，但是无论是哪种形式，都应该得到确认和纳入学分管理。对各类学科竞赛获奖、在报刊上公开发表论文等设置“创新学分”；对获得各种专业或其他相关技能等级证书设置“技能学分”；对学生自主参与提高素质的各种活动（包括各类讲座、报告会等）可以按时间计算设置“素质学分”。创新学分、技能学分和素质学分这三种学分都可以作为选修学分，而且可以替代教学实践课程或理论学习课程的部分选修学分。

3．建立科学的实践教学评价和考核体系

建立科学的实践教学评价和考核体系，能够有效促使实践教学达到良好效果。院系要根据实践教学环节规定的教学内容的基本要求，制定实践教学的考核办法，促使学生实践技能的提高；学校对各实践教学环节制定工作规范和检查评价标准，对各院系开展各实践教学活动进行检查评估，不断提高实践教学质量。

第四节 泛在学习下实践教学评价体系

一、体系构建原则和指导思想

实践教学评价指标体系，主要是通过对实践教学过程中影响实践教学质量的各环节进行系统监控与评价的体系，它是实践教学的重要环节。科学全方位的实践教学评价指标体系是提高实践教学质量的重要保证。

实践教学评价是一个多层次、多目标的评价问题，涉及内容较多、范围较广，影响教学质量的因素又是多方面的，既有校内因素，又有社会因素，既有主观因素，又有客观因素。总体来说，影响教学质量的因素主要有环境因素、组织因素、人力资源因素和管理因素。另外，评价需从不同的层面进行，因而实践教学评价是一个多级的综合评价问题。这些因素决定了构建实践教学评价指标体系应该遵循以下原则。

（一）客观性原则

评价指标应该是一个具体的、可测的并且可操作化的因素，在评价指标体系建立的过程中，要综合考虑到各种影响因素，将其作为评价指标，并根据每个因素的重要程度赋予权重，尽量做到考虑因素全面、评价指标设置客观。

（二）普适性原则

建立实践教学评价体系应该采取系统的理论和方法，全面考察实践教学活动的各个要素，使影响实践教学质量的各因素以及各子因素既能够反映某专业实践教学的各个环节，又能普遍适用于其他专业或其他学科门类。

（三）易评性原则

实践教学评价指标体系从理论上做到完整是比较容易的，但是在实际操作中难免会遇到难题。因此，在制定指标体系时，力求做到指标的项目内涵明确、精练、重点突出且容易测量，并尽量降低操作难度，具有较好的可测性和可操作性。

（四）持续性原则

影响实践教学效果的各种条件是在不断变化的，因而与之相应的评价指标体系也应该不断改进，才能确保实践教学质量持续提高。体系的构建与实施，要从持续提高实践教学质量的发展观出发。

（五）定性与定量相结合原则

根据实践性教学评价过程的实际情况，能用数量确定评价等级的最好用定量标准，不能用或不易用数量确定评价等级的，给出定性要求。比如对评价指标要素可以采用优、良、中、及、差五个等级的等级评定法。

二、实践教学评价系统

（一）评价主体

评价主体是指实施评价活动的机构或实施人，一般由教学督导机构、教务处、二级学院、学生等组成。针对不同的评价对象，评价主体的构成也不同。如对教师实践课程的教学效果进行评价，评价主体往往由教学督导员、同行专家、学生等构成。教师在教学中对学生的学习效果进行评价时，任课教师就是评价的主体；学生互评时，学生成了评价的主体。

（二）评价客体

评价客体也叫评价对象，是实践教学评价中被评价的要素。在实践教学体系中，评价对象是专业、实践课程、教师和学生四个层面。每一个评价对象包含若干子对象，如实践课程包括毕业设计（论文）、实习、实践课程教学、大学生创新实践项目评价等。

（三）评价指标与评价模式

在评价过程中，评价指标是具体化、行为化、可测量或可观察到的评价要素的集合，包括评价内容与评价标准。评价标准是用以衡量评价对象价值或判断的尺度，包括权重和评价等级。评价指标既有共同性也有个体差异性，它体现了实践教学评价价值取向。

评价模式又叫评价方式，针对不同的评价对象应采取不同评价方式，如对专业、实践课程的评价则宜采用成果性评价方式，对教师实践教学、学生的学习效果宜采用过程性评价方式。

三、实践教学评价现状

（一）认识不到位

由于在我国高等教育历史并不长，采用的教育方式与普通教育相似程度高，在高等教育的实践教学评价体系中，往往套用基础教育和普通高等教育的评价模式，缺乏针对高等教育特点的监控和评价。

（二）机制不健全

很多院校虽然实行常规性的教学评价，但是其评价过程不规范，评价随意性大，主观性强，人为因素多，存在相当的偶然性和片面性，评价方式过于单一，评价方法简单，缺乏相应的监控制度和体系，使得收集评价信息的工作难度大，分析和处理信息的周期长，造成评价工作的被动和烦琐。

（三）标准不统一

长期以来我国高等教育存在重理论、轻实践，重结果、轻过程，重知识传授、轻能力培养等。实践教学评价缺乏相对完整的、能体现实践教学特色的监控和评价体系，实践教学的质量监控和评价缺乏科学性与系统性。

（四）评价不全面

1．评价内容的片面化

目前对实践教学的评价还局限于考核基本知识和基本技能的运用，面对影响学生职业发展的职业能力、职业态度等重要方面都能给出全面的评价。

2．评价方式的静态化

许多的实践教学是在任务完成后进行的，这种评价方式主要是目标取向的，难以评价学生在学习过程中情感、心智、知识拓展能力、团队协作能力等综合素质方面的发展状况。

3．评价主体的单一性

传统实践教学评价中，教师是评价的主体，学生总是处于被动的地位，学生家长、用人单位、社会对学校的监控和评价制度还没有建立。评价只建立在校内而忽视了校外社会因素的综合评价。

四、实践教学评价体系的构建

实践教学评价体系的构建要遵循教育教学规律和应用型人才培养规律，突出高等教育的基本特征。在制定评价体系时，应从专业人才培养的定位以及实践课程体系出发，对实践教学目标、内容、实践教学保障、教学过程进行全方位、多角度、多渠道监控，学生是教育的主体，必须以有效教学目标、有效课程内容、有效教学环节、有效教学手段、有效教学课堂管理和有效教学效果为出发点，以提高学生的综合素质和能力为落脚点。实践教学评价步骤如下：

（一）教学设计的评价

实践教学评价应考虑的主要方面有：实践教学的教学内容与专业培养目标的关联程度，实践教学内容与实践教学目标的吻合程度，实践教学内容与高职教育层次的适应程度，实践教学安排与实践教学内容的吻合程度。核心课程能否体现专业特色，实践教学项目的名称、周数、开设学期等是否符合由简单到复杂，由基础到专业，循序渐进、逐步提高的规律。

（二）教学实施的评价

根据人才培养方案中的教学进程开展实践教学并对其进行评价。

1．实践教学课程实施前的评价

教学人员按照实践教学管理相关规定将该课程的教学方案以及相关文件（实践教学策划书，授课计划、项目卡、运行标准、课程标准等）提交教学系统，教学系统通过审阅教学方案与教学文件等资料对实践教学课程进行评价，评价的内容主要包括实践教学的教学目标与专业培养目标的关联程度，实践教学内容与实践教学目标的吻合程度，实践教学内容与高等教育层次的适应程度，实践教学安排与实践教学内容的吻合程度，以及成绩考核方案与实践教学目标的吻合程度。

2．实践教学课程实施过程中的评价

评价的内容主要包括实践教学的实施内容与计划内容的吻合程度，实践教学的组织与管理，安全操作规范，教师专业技能水平与教学指导水平，学生的学习态度和学习氛围，团结协作精神，创新能力和职业道德。

3．实践教学结束后的评价

评价的内容主要包括学生的学习成果（作品、报告、结论），教师对学生学习质量的评价结果（报告的批阅、成绩的评判、成绩的登录、成绩的分析以及改进措施），学习成果与教学目标是否一致，教师对学生学习的评价水平等。

五、完善实践教学评价机制

（一）建立完善评价制度与机制

制度是一切工作的依据，开展实践教学评价必须有制度的保证，要把制度的建设作为实践评价体系中一项基本内容；建立评价组织机构和专家队伍，明确工作职责和任务，把校内评价与社会评价有机地结合起来，使评价更加公开、公正、及时、准确；进一步完善常态化周期性的实践教学评价工作机制，将评价、诊断与改进有机结合，使评价真正成为促进教学质量提高的有效手段。

（二）完善质量标准体系

实践教学评价与诊断的依据是教学质量标准，完善质量标准体系是开展实践教学评价、诊断与改进工作的基础。高等院校要将职业标准与教学标准有机地结合起来，制订和完善各专业人才培养标准、职业课程体系设置规范、教师教学规范、“双师型”师资标准、专业实训基地建设标准、实践课程质量标准、实习课程标准、顶岗实习标准、毕业设计与论文标准等。通过实践教学评价与诊断，不断改进和完善标准建设。

（三）建立信息化评价与分析工作平台

人才培养的工作状态通过状态数据采集得以直观地表达，高校内部的运行管理、评价与诊断都需要大量的数据分析，信息化已经成为高职院校运行管理的一种必不可少的重要手段。重视并建立信息化评价、分析与诊断平台不仅能够减少实践教学评价的前期准备工作，而且能够提高实践教学评价的科学性、及时性、准确性和完整性，为常态化、周期性开展评价与修改工作提供强有力的技术支撑。

第五章 电工电子实践教学探析

第一节 电工电子实践教学

一、电工电子实践教学教学现状及分析

（一）教学内容

在教学内容上，电工电子是一门电学基础课，主要包括电学基础知识、电子学以及电机学。课程内容相对来说非常基础，但是，由于这门课比较抽象，再加上学生基础比较薄弱，因此，学生学习起来可能会比较不轻松，学习兴趣也不浓厚，很多学生产生了厌倦、畏难的心理。电工电子的实验多为认知性和验证性实验，综合性和设计性实验较少，所以教学内容安排不是非常合理。

（二）教学方法

在教学方法上，学生做实验基本上是按照老师讲授的方法和步骤进行的，或者是按照实验指导书与教材进行设计和连接，学生只是单纯的机械性完成实验，得出相应的实验结果。这样的教学方法缺乏创新性和设计性，学生的主观能动性差，不利于培养学生独立认知事物以及自主解决问题的能力。

（三）教学结果及反馈

教学结果一般是学生按规定做完实验之后，学生填写实验报告，教师按照实验报告的数据评定结果正确与否并给出相应的评语。但是对于高职学生来说，仅仅通过实验结果判断学生的实验技能成绩，是不科学的。这样培养了学生重实验结果，忽视实验过程，而且还有可能出现抄袭的现象。

二、电子电工实践教学改革

（一）实验教材的变革

实验所用的教材对学生能力的培养和提高以及教学质量有着非常重要的

作用，它是实验过程中的重要载体。原有的实验教材，偏重于验证性实验，而设计性与综合性实验较少，不利于学生创新能力的培养。

为了科学有效提高实验教学质量，需要对原有的实验教材进行创新与改革，以学生为载体，以培养学生科学合理的创新能力为目的，以素质提高协调发展为宗旨，编写面向大众教育、适应生源多样化、具有多层次和多元化、有利于学生能力培养的实验教材。要尽可能与学生现有的认知状况相适应；与复合型、应用型和少数精英型人才的培养目标相衔接，以开放式电工电子实验教学模式为平台。以学生能力培养为主线；遵循教学规律和认知规律，即利教利学来构建。在编写电工电子实验教材的同时，也要及时编写校内实验讲义，发挥校内实验讲义对学生能力培养的作用，即实验教材与校内实验讲义的有机配合。

（二）设置合理的实验教学方法和教学手段

电工电子课程开设的目的，是使学生掌握其电学基本内容的基础上，强化对学习内容的理解，为后续的学习打下坚实的基础。传统的教学方法是通过老师在黑板上写板书，通过讲授让学生学习。

但是，电工电子所涉及的知识内容较多，专业覆盖面较广，单纯通过教师口头讲授理解起来不够直观和形象，所以，通过使用一定的多媒体教学，增设一定的教学课件以及仿真软件，让学生在学中做，做中教，启迪学生的发散思维以及创新思维。将仿真技术、网络技术等引入到实验室教学中来，通过建立微信公众平台，制作微课视频等提高在线答疑、信息资源的交流平台，充分调动学生的趣味性以及积极主动性。

（三）确定完善合理的考核制度

传统的实验成绩是通过学生的实验报告上的结果及分析综合给出，慢慢的使学生产生了只注重实验报告而不注重实验过程的思维定式，部分学生没有认真完成实验报告，但是通过抄袭他人的实验报告或者编造数据蒙蔽老师，所以，必须通过多元化的考核方式来完善考核管理制度。

三、多元化建设电工电子实践教学体系

电工电子专业作为培养军队技术型人才的基地之一，应当充分发挥实践教学的优势，弥补改革中实践教学存在的不足，从不同方面着手建立电工电子多元化实践教学体系。

（一）制定电工电子实践教学的管理制度

为了明确教学方向，教学定位，应该培养以适应社会需要的技术型人才为目标，学校管理层可以根据电工电子教学大纲制定《电工电子实践教学管理制度》，使实践教学的执行做到有章可循；严肃实践教学中的课堂纪律可以制定《纪律管理制度》；采取发言式表态式决议方法制定学科责任人制度；为了保证实践教学的器材使用安全和卫生，可补充完善实验室安全与卫生管理制度。成立监督管理小组按照教员考核考勤制度，对实验基地的教学课时、学员缺席人数、课上课后反映进行反馈和控制，要求谁上课谁负责。

（二）建设流动型教员队伍

为满足教学要求对实践技术的日益提高，电工电子教员要同时具备理论知识和相应的实践技能，但是教员在学校环境中很难提高自己的实践经验和技能，因此学校可以外派教员去别的学校取经进修，培养高技能的教员队伍。也可以联合企业为教员提供工学结合的机会，亲自接触实践锻炼，提升自己在实践教学的授课质量和讲解深度，另外学校和企业也可以通过合作互通有无，互相派送人才，比如学校和社会企业签订订单式实用型人才，而企业可以派送经验丰富的技术人员到学校实践教学中去做讲解，建设可以自由在高校和企业间流动的教员队伍。

（三）整合实践基地

集中整合分散的实训室为实践基地，形成基于相近专业共同合作的综合性实践基地。每个专业都有自己的实验室，但是过于分散不利于规范化教学管理，整合这些实验室成综合性实践基地，诸如通信、电子信息工程、自动化、电气电子信息工程技术等专业都属于具体实践操作中有关联的专业，可以合并这些

实验室建设一个综合实践基地。

（四）科学设置教学模块契合教学改革

为适应教学改革的需要，科学设置教学模块可以为：认知实践模块和创新应用模块。首先认知阶段应以掌握技能知识为主，在熟练掌握电子概念理论知识和技能要点，为后期创新应用模块打下基础。

（五）构建网络信息平台推动创新应用模块

完善的网络信息平台是基础知识和应用实践的良好补充，有了必要的基础知识就更有信心进行应用实践，在应用实践期间利用网络平台，实现信息共享，为创新思维巧妙应用提供可能。

（六）弥补资金缺口建立校办企业

实践教学硬件设施建设最大的难度在于缺少资金来源，通过和社会企业合作，学校开办自己的企业，找准产品定位推行产学结合，以教员和学员为员工主体，前期探索可以教学为主盈利为辅进行。

四、电工电子课程实践教学改革建议

（一）努力抓好三个建设

1．实践硬件条件建设

电工电子课程实践教学需要学校的重视和支持，因为课程开设面向的专业和学生数比较多，因此要保障电工电子课程实践教学设备设施数量的配套。而且，电工电子课程的实践教学是属于消耗性的，必要的耗材和设备设施维护、维修、改造、更新都需要学校在预算资金上给予支持和保障。

2．实践教学师资队伍建设

高等院校电工电子课程的专业化师资队伍建设水平虽然比之以前有了比较大的提升，但是依旧存在一些问题。比如部分学校还处于各教学系部各自为战的状态。所以，应该将电工电子课程放在学校统一的管理下进行课程建设，成立电工电子教研室，负责专职化的电工电子实践课教学师资队伍建设。

3．实践教学教材建设

当前，高等院校电工电子课程实践教学教材普遍不足，高质量的实践教学任务书和指导书有所欠缺，各个高等院校要结合自身的电工电子硬件教学资源、条件，编订好切合实际的实践教学教材。

（二）加强两个管理

1．加强过程考核管理

传统的电工电子课程实践教学考核，以实验报告的形式作为整门课程成绩的组成部分。因此，可以将电工电子课程实践教学单独设置为一门实践类课程，突出过程考核，建立覆盖出勤、学习态度、实践表现和实验报告、小组评价等多元的考核体系。

2．加强理论教学管理

良好的理论基础是实施电工电子实践教学的前提和保障，因此要加强电工电子课程理论教学的管理，强化学生对基本概念、基本原理、基本公式、基本电路分析的知识掌握。

（三）做好两门课

1．做好电工电子精品课建设

精品课建设是对一门课程系统的积累、总结，是整合课程教学资源、统一教学管理、提升课程教学质量的重要手段。将电工电子实践教学内容列入精品课建设范围，有规划的开展课程建设，提升课程服务水平。

2．做好电工电子网络课程建设

当代大学生越来越多的习惯于使用计算机和网络作为学习方式。伴随着计算机技术的发展，网络课堂已经成为学生预习、自学、复习的重要阵地。做好电工电子课程实践教学网络课程建设，将实践教学过程以影像的形式分享在网络上，能够更好地服务于学生学习需要。此外，依托虚拟技术和3D技术，可以开发大量的虚拟实验，这种虚拟实验零耗材、形象生动、安全，是未来电工电子课程实践教学改革的重要建设方向。

第二节 电工电子实践教学模式创新

一、电工电子实践教学模式创新的必要性

传统的实践教学模式不能满足创新人才培养的要求。电工电子实践教学是电工电子课中重要组成部分，是全面实施教学大纲、提高教学质量、间接经验和直接经验相结合的教学环节。对于机电、电子信息类工科专业，实践活动更是完成培养任务的重要的一个环节，培养目标是为社会提供具有丰富的理论知识和良好的实践技能的机电以及电子技术人才。

多年来，我们一直采用以课堂理论教学为主、以实验教学为辅的教学模式。由于实践教学环节薄弱，使我们的毕业生难以更好地服务社会。为了提高学生的实践能力，多年来不断调整教学内容，改善教学方法，增加实验教学时间，但是依然不能取得令人满意的教学效果。究其原因，可以发现，当前学生创新精神和实践能力培养遇到的主要障碍是：主观认识上依然沿用旧的教育理念，对实践教学重视不够，在一定程度上存在着“重理论、轻实践，重课堂，轻课外”的倾向；经费缺乏，教学实践基地难以落实教师学生重视不够，教师指导不力，学生主动参与性比较差；教学管理体制严重制约着学生创新精神和创新能力的培养，学制限制过死，课程结构单一，学时负担太重，学生还要应付名目繁多的课程考试或等级考试等，难以进行自主性学习，难以积极主动参与实践教学活动，个人创新和实践能力难以得到发展。

理论教学与实验教学是高校教育的两个重要组成部分。其中，实验教学在应用型人才的培养过程中更是起到至关重要的作用。实践教学改革是一个系统工程，涉及教学管理体制、实验教学内容、实验教学方法、实验教师队伍建设等诸多方面。长期以来，电工电子实践教学基本处于理论教学的附属，忽略了实践教学的目的和特点，教学中重理论、轻实践，有时理论课讲什么内容，实验课就安排什么实验，缺乏对学生创新意识实践技能的培养。因此，彻底转变观念，提高电工电子实践教学的地位，加强电工电子实践教学改革，才能全面

提高电工电子实践教学水平，使实践教学更符合社会发展的需要。

二、电工电子实践教学模式创新实践过程

（一）改革实践教学模式

电工电子实践教学形象直观的特点是理论教学所无法比拟的，更重要的是它更加侧重于对思维方式和动手能力的综合培养，作为理论教学的主要补充，它在整个教学环节中具有非常重要的地位。因此，为了有利于培养创新素质、创新意识以及创新能力，培养具有扎实基础和较强动手能力的高素质人才，必须对实验教学模式进行全方位的改革。传统的电工电子实验教学一般根据基础理论的进程，分为电工基础实验、电子线路实验与综合系统实验三个层次。这种层次符合人的认知过程。但是在每个层次的实验内容及实验方法上存在着内容陈旧、形式呆板、方法单一等问题。比如授课模式基本上是沿袭老一套的方式：实验目的、实验原理、实验方法与步骤、实验注意事项等等。这种模式严重束缚了学生个性空间的发展。实验的内容则是过于紧贴理论教材，验证性实验居多，特别是过多研究分立器件构成的电路，给学生带来较大的负面影响。比如分立元件的电路，设计起来公式繁多，计算复杂，调试费时费力，大大降低了他们的学习兴趣。所以，在基础实验环节夯实基础，提高效率。将传统的实验教学以验证实验为主转变为以验证性实验为基础，增加设计应用性、综合性实验内容，采用应用技术与基础实验相结合的方式，既侧重实际设计与操作，又强化了实验课所必须掌握的各项基本训练内容，从而提高了学生动手能力，使实验教学在有限时间内发挥更大的效能。转变实验教学观念，发挥教师的引导作用，采用启发式实验教学方法，把学生作为教学的主体，让学生有足够的时间独立思考，引导学生肯思考，会思考，并注意学生收敛性和发散性思维同步发展，逐步养成严谨的科学态度和科学的思维方式。

（二）建立多元化实验模式

传统的实验教学模式按部就班，缺乏挑战性，不仅束缚了教师的手脚，也束缚了学生的思想，循规蹈矩，缺乏主动性，难于创新和突破。所以，必须探

索新的实验教学模式，以满足提高学生综合素质的要求。

1．对传统的实验内容进行提炼、精选、重组，着力开发综合性实验

传统实验内容虽然大多是验证性实验，但具有代表性，而且学生也要从基础入手，不能拔苗助长。所以对传统的实验内容不能全盘否定，要削枝强干，去粗取精，精选一些比较具有代表性的实验作为基础性实验，保持对学生基本技能的培养。而对有些实验内容进行整合，开发成综合性实验，把基础、提高、创新有机结合起来。比如：在日光灯电路实验中，日光灯电路实验只是个验证性实验，只是让学生验证感性负载通过并联电容可以提高功率因数的事实。现在，除了验证这个事实外，还会向学生提出是否还可以采用其他的办法来提高功率因数，并让学生自己设计电路去实现。从实现的过程中发现问题，最后得出能否采用这些办法的结论。

2．多开发以学生为主体的设计性实验

学生积极自觉地学习，能够最大程度地优化实验教学过程。为此，可以增加一些具有一定难度和深度的设计性实验项目。教师布置选题，学生独立完成实验全过程，包括电路设计、设备与元器件选择、实验内容编排、数据记录、结果分析并提交实验报告。教师只作基础性的、启发性的指导，不做结论性的评判。学生也可以根据自己对知识的掌握程度自主设计实验项目，力求充分发挥学生的主动性和创造性。比如原来的组合逻辑电路实验只是让学生根据课堂上讲过的电路设计出二进制和十进制计数器，现在可以向学生提出自行设计出任意进制的计数器，自行设计数字控制电路。虽然实验的难度有所提高，但是因为自主性大工学生们提前在课外时间设计好电路、实验内容和步骤，一上课就开始动手操作。不仅大大调动了学生学习的积极性，还能够使学生的能力和素质得到了锻炼与提高。

3．最大限度地为学生提供课外实验时间和空间

为学生提供比较充足的课外实验实践和空间，不但能够弥补教学计划实验学时少的局面，让学生有充足的时间完成实验项目，而且为学生充分发挥创造

力提供了平台。比如有的学生不仅能够完成大纲规定的相关的电动机直接起动控制和正反转控制，还可以完成电动机的顺序控制。通过做这些电动机的控制实验，感受到自动控制的神奇，兴趣大发，便利用按钮、接触器等低压电器将日光灯电路进行了自动控制。

三、电工电子技术实践教学模式构建

实践教学是高校培养人才的重要组成部分，是培养学生创新精神和实践能力的重要教学环节。与理论教学相比，实践教学在培养学生的基本知识，提高其实践能力等方面可以通过更加直观、实用性和创造性的科学研究方法发挥其重要作用。随着教学内容及课程体系改革的不断深入，如何培养更加实用的应用型人才成为迫切需要解决的问题。

（一）“四层次”的教学模式的构建

此种教学模式主要由四个循序渐进的环节组成，即基础培训环节，综合能力的提高环节，工程的实践环节，研究创新环节。基础培训主要针对的是低年级的基础知识不牢固的学生，加强培训可以使他们掌握好电子线路设计的原则及方法，培养其工程意识及基本的操作技能；综合能力的提高环节旨在加强学生对工程技术的方法及过程的创新，为他们提供有力的学习环境；工程实践环节是指通过综合性的实践环节，让学生能够对整个电气信息专业的发展趋势及前景有一个全面的掌控；研究创新旨在通过学生实践平台及各类科研活动等形式，培养他们的科研意识及初步掌握科研过程的能力。

（二）“三结合”的教学模式

开放式互动教学法贯穿整个实践教学的全过程。在结合课外练习的前提下，通过全面开放实践教学的时间，空间和方式，以及课外准备和课前检查，课堂互动以及批判性指导等措施，可以充分调动学生的学习主动性，提高整体的教学成果。综合和设计实验项目采用任务驱动的教学方法，即在给定的设计任务的情况下，从数据收集，程序演示，原理设计，系统调试，故障分析到项目总结，强调学生实验过程的全面和自主性，通过他们自身的努力及相互配合并加以必要的指导，从而实现教学的连贯性和促进学生的全面发展。

（三）“13494”特色实践教学模式

该体系包含1个培养目标（培养应用型的专门化人才）、3条主线（培养学生们的实践能力、工程应用能力以及创新能力）、4个层次（专业基础实践教学、专业实践教学、专业拓展实践教学以及开放创新实践教学）、9个模块及内容（计算机基础、电子技术基础、电子技术应用、电机拖动与控制、信息技术、专业见习与实习、课程设计、毕业设计和学科竞赛模块）、4个项目级别（验证型、综合型、设计型、研究创新型），该体系能力层次划分完整，具备立体式的教学结构，具有非常显著的教学成效。在整个教学体系的构建过程中，要注意以下三个方面的内容：

1. 教学人员要依托实践化的教学平台，通过不断修订教学大纲、整合优化实践课程等方式加强各个专业课程之间的紧密联系，在避免重复的前提下增加实践教学的环节；

2. 要充分利用身边的现有资源设计安排合理的试验项目并编写实验操作指南，为学生提供更加有利的学习指导；

3. 要从实践教学的内涵出发，依据制定好的人才培养计划和目标，按照培养学生创新精神及实践能力的总体目标来设置实验课程及相应的教学环节。

第三节 电工电子实践教学体系构建

一、电子电工实践教学体系和方法改革

（一）建立科学的电工电子实践教学体系

电工电子实践教学体系是一个包含了“基础技能层、实践提高层、综合创新层、科技研究层”的分层次、完整的实践教学体系，它以紧密围绕提高学生的综合素质，培养学生的实践能力和创新精神为主线；注重采用强化层次化实验教学和采用开放式实验教学两种方式。在实践环节中，按照基础实验、综合应用、设计开发、研究创新四个层次，以自下而上、逐层提高的方式构建实践

课程教学体系。

（二）树立教师为主导，学生为主体的创新教学理念

建立学生为主体，教师为主导的教育模式，改变以教师为中心，学生被动接受的方式，对学生进行引导启发式教学，给学生充分的发挥和想象空间，将面向实验结果转变为面向实验过程，不断提高学生学习的兴趣，养成自主走进实验室进行实践的良好作风。在传授知识的过程中，避免“填鸭式”教学，善于运用问题式启发教学，鼓励学生思考、探索和讨论问题；合理运用教学法，由简单知识点逐渐递进到复杂知识点，引导学生接受新知识；教师在讲授知识时要充分运用语言技巧和行为魅力，既能够活跃课堂气氛，又能提高对知识的领悟力。

（三）建立多样化的实验教学方法

积极推进实验教学方法的改革，不断进行总结，改进、提高和丰富教学方法，逐步形成多样化的实验教学方法，例如：讨论式教学、开放式自主实践教学、项目驱动及学生自学结合教师指导教学、课外科技活动的辅导、学生参与教师科研项目、网络辅导等多种实验教学方法。多样化实验教学方法主要体现为不同内容、不同对象、不同背景、不同项目情况下多种形式和多种方法的结合，其主要目的是以学生为中心，因材施教，因内容施教，充分激发学生的实践创新积极性，达到提高实验教学质量、实现创新能力培养的目的。

二、电工电子实验实践教学体系构建

（一）基础层

基础层以训练学生电工电子实验基本技能为目标，通过课程内容梳理，组织包括“基本仪器仪表使用”“常用元器件识别及测量”“电子系统制作”“各类工具的使用”“实验室安全规范”等内容。这些内容是电工电子实验的基础，知识点简单却很重要，需要学生通过不断的反复练习才能熟练掌握，根据这些特点，可以采用“视频教学+开放实验+虚拟仿真”相结合的教学方式，全方位帮助学生通过自主学习，快速、有效地掌握基础知识和各项基本技能。视频教

学内容可以由教师根据实验室真实设备条件和环境录制，每个视频不超过10分钟，短小精悍，方便学生利用碎片化时间学习。本层次内容要求学生自学完成，通过技能考核进行能力认定，考核不通过者，不能进入创新实验室。在原有实验教学体系中，教师需要安排专门的课内学时统一组织讲解器件识别和设备操作等基本知识，但由于缺少专项考核，学生基本操作不熟练，严重影响后续学习效果。学生的基础薄弱与实验项目的要求不断提高形成矛盾。基本技能训练层次的设计能够很好地解决这个问题，教师可以将简单重复性内容放在课外要求学生自学，配以丰富的教学手段进行帮助，增加基本技能考核环节，提高学生的学习效果，夯实基础，为后续有效开展综合性实验项目提供可靠保障。

（二）拓展层

拓展层包括单元模块训练和综合系统训练：单元模块训练环节主要培养学生单元电路的设计制作能力以及故障排查能力等，实验内容一般覆盖经典知识，给定指标，要求学生设计完成，最终通过实验考试的方式进行考核。综合系统训练的目标是培养学生应用现代电子技术完成电子系统设计的能力、系统综合调试能力及学生团队协作的能力，课程以综合性项目引导学生完成“方案设计—软件仿真—硬件制作—调试”的完整项目开发流程，采用项目综合测评的方式进行考核。

（三）创新层

创新层以培养学生创新能力和工程实践能力为目标，组织参加学科竞赛和大学生创新创业项目等是锻炼学生创新能力和工程实践能力的有效途径。电工电子实验中心专设创新实验室，面向有竞赛有项目的学生开放。中心承担学校电工电子类学科竞赛的组织和培训工作，组织有经验的教师组成教练团队，面向全校开设选修课程进行针对性培训。中心还可以与国内外知名企业共建联合实验室，并邀请一线工程师开展报告和讲座，使学生能够快速掌握电子技术的发展动态，了解市场需求。

三、电子信息专业电工电子技术实践教学体系

（一）建立课内外相结合的电工电子技术实践教学体系

1．课内

目前，在现代大学的电子信息专业中，都已经开设了电工电子实践课程。课内，实践教学课程的设立主要包括“常用电子仪器使用”“电子元器件识别与性能测试”“三相交流电与安全用电”“电路基础实验”“数字逻辑电路实验”“模拟电子电路实验”“电子线路的安装与调试”“电子线路测试方法”“电子系统综合设计”“电子电路计算机辅助设计与仿真”“电子电路开发与制作”等教学单元。电工电子实践课程体系的建设遵从“基础—专业基础—专业—提升”原则，在内容上能够与理论课程相互衔接呼应，同时实现与相关课程的衔接。知识结构采用的是“点—面—系统”的结构体系。实践课程的取材要做到先进、新颖、实用，理论联系实际。在实验层次上，采用从“基础实验—综合设计型实验—研究创新型实验”的设立顺序，在大学高年级阶段，进一步加大设计性实验和综合性实验的比例。

对于实验项目的设立上，学生要有足够的选择空间。实验内容上，要使学生接受起来较为容易。教师在实验指导上，指导教师从讲解上要先详细后简单。指导学生逐步掌握实验的基本技能。在实验过程中，学生学会需求分析、电路设计、方案设计论证、模拟仿真、电路实现、数据处理、结果分析的工程要求。然后实现基础到综合的提升，学生实现从以搭试、焊接为主的实验过渡到以系统设计、模拟分析和系统实现为主的实践体系。

2．课外

在现代大学教学中，电子信息专业一般都有电工电子实验中心，一方面可以为本专业的学生提供基础实验的设备和场地，另一方面也应该成为课内实践教学基地。条件成熟的情况下，还要进一步向学生开发实验室的设备资源，开展丰富多彩的创新创意实践教学项目，鼓励学生参加各级各类创新创意大赛，比如：大学生创新创业训练项目、物联网大赛、智能建筑设计大赛、全国电子

设计竞赛、大学生创意大赛等等系列化制度化的活动。在这些活动中，学生是参与的主体，教师是辅助指导者，这能够进一步激发学生对电工电子技术的学习的兴趣，发挥学生的想象力和创造力。培养学生的知识应用能力、信息获取和选择能力，在实践中逐步培养学生的创新精神和创新能力。

（二）多媒体实验教学课件和网络管理平台建立

伴随着现代化教学手段的不断发展，多媒体教学也被广泛应用。为了满足开放式实践教学的需要。在教学过程中，实验老师可以把实验的内容、要求、器件清单、实验线路等制成多媒体课件，在课上学生就能够对实验的要求具有很好的掌握。同时，近些年来网络教学正在逐步兴起，对于电工电子技术实践课程也应该尽快建设网络化教学平台，通过网络平台，学生可以了解实验室的设备使用情况、能够开展的实验项目、实验项目的在线演示。这样学生就能够与实验指导教师在网上实现实验的预约、交流讨论等。

（三）推进开放式实践教学

实践教学要改变传统的输入式教学方法，改革简单的知识传授、验证理论课程内容的传统模式，变被动学习为主动学习，建立开放式实验教学环境：制作网络课件，建立网络化的教学平台；指定开放实验教师守则、学生守则、考核办法和实验室管理制度；使学生可以通过网络自由的预约实验时间，能够在完成基本要求的前提下自由地选择实验内容，为学生提供自主学习和创新的条件。开放式实验可以使学生逐渐克服依赖老师的心理，培养他们自主发现问题，解决问题的良好学习习惯；开放式实验可以使学生自主地安排实验，学生有进行创新实践的时间和空间，开放式实验教学还可以解决教学管理上的相关问题，比如随着学生自由选课的增多，整班安排学生实验困难重重。开展开放式实验教学，可以让学生自由地选择适合于自己的时间进行实验，可以在对问题有了深刻了解和认识后再进行实验，以取得更好的效果。同时，可使实验室的使用效率得以提高。

第六章 泛在学习促进实践教学创新模式

模式，其实质就是简化了的形式，它代表一个流程、一个策略或者一个概念。设计的任何一种模式都是用来帮助人们理解一个问题、一种情境、一个过程或者一种策略的。它为人们在讨论问题的时候提供了一个基础，便于共同理解和共同认识。所谓教学模式主要是指在相关教学理论与实践框架指导下，为达成一定的教学目标而构建的教学活动结构和教学方式。教学模式具有以下特征：

1．原型性

教学模式是将教学活动的经验和方式抽象概括得出的。成熟的教学模式的基本结构既相对稳定，又开放可修改，以更好的适应教学活动。

2．模型性

教学模式是一个系统化模型，有机的整合了各要素，并将要素间的关系结构化。

3．范型性

一个成熟的教学模式能够根据实际教学情况，修改表征、调整结构生成新的教学模式。一个完整的教学模式包括五个基本构成部分：理论基础、宗旨目标、实现条件、操作程序、效果评价。这五个基本构成部分中，理论基础是前提，实现条件是保障，操作程序是关键。

第一节 泛在学习促进实践教学的理论基础

一、构建主义学习理论

（一）建构主义学习理论内涵

建构主义源自关于儿童认知发展的理论，比较好地说明了学习是怎么发生的、意义是如何建构的以及理想的学习环境应该具有哪些因素等等。建构主义是当代学习理论的革命，是泛在学习促进实践教学模式建构的关键理论基础。

建构主义认为，知识并不是通过教师传授得到，而是学习者在一定的情境下，利用必要的学习资料，并依靠他人的帮助，通过意义建构的方式而获得的。知识的建构来源于活动，活动的情境是知识的生长点和检索线索。1999 年，乔森纳曾经提出了基于活动理论的建构主义学习环境设计框架。

建构主义主张的是在教师的指导下、以学习者为中心的学习，该理论强调学习者的认知主体作用和教师的指导作用并重，教师不再只是知识的传授者与灌输者，而是意义建构的帮助者、促进者，后一角色更加重要。学生成为信息、加工的主体，他们主动构建意义获得知识，而不是被动的接受外部刺激。

（二）建构主义理论的发展

建构主义是现如今在一些西方国家内部兴起的社会科学方面的高深理论，是一种哲学方面的理论。在 18 世纪的时候，意大利的哲学、人文学家维克被称作“第一个能够清楚的描绘出建构主义的人”。同时，另外一种比较普遍的观点认为，其实建构主义的思想和源泉主要还是来自于其理性和经验的综合主义里。康德认为：所谓的主体并不能直接的和外部环境相连，所以他们之间必须通过协同合作才能通向外部世界。同时他们只能通过这些内部的建构来进行认知，进而发现一些高深的知识。在他的理性批判中，需要从认识领域、实践领域等一些不同角度来构建的个性化思想。著名心理学家皮亚杰说过：儿童认知理论的快速发展对自我构建起到重要的推动作用。所谓个体思维，其实在他的发展过程中就是一个儿童的不断成熟过程，同时在主客体之间的相互作用之下获得一定经验、理论，进而使得建构主义得到再平衡的理论过程。在大约 20 世纪的时候，维果斯基认为：学习就是一种社会化架构，他的创建对于文化历史发展的进步以及原本的文化历史背景有着重要的作用。现在的建构主义相关理论一般都融合了皮亚杰和维果斯基两个人的理论，然后把他们两个人的理论再有机的结合起来，并最终丰富、完善，最终成为在实际的教学中得以运用创造了先决条件。

一、情景认知理论

（一）情境认知理论内涵

布伦特G威尔逊和卡伦·马德森·迈尔斯等在他们的论文《理论与实践中的情境认知》中认为，情境认知是不同于信息加工理论的另外一种学习理论。它试图纠正认知的符号运算方法的失误，特别是完全依靠对于规则与信息描述的认知，仅仅关注有意识的推理和思考的认知，而忽视了文化和物理背景的认知。建构主义认为，认知情境是指与参与事件相关的整个情境、背景和环境。

从广义上说，认知情境是指影响个人行为变化的各种刺激所构成的特殊情境。包括客观情境和心理情境，情境的心理意义对人的认知更具有决定性的作用，认知情境的创设就是要根据学习内容创设带有目的性的学习情境，促进学生对所学内容的意义建构。

有关情境认知理论的研究表明，日常生活中发生的学习有更高的学习效率，并能应用于需要的场合；而在课堂中学习的知识，学习者却不知道应该运用于何种情境。这是因为知识并不是孤立的，他们总是存在于一定的情境中，而课堂学习到的知识是抽象的，脱离背景的。

（二）情境认知理论特征

情境认知的关键特征是，它不把知识作为心理内部的表征，而是个人、知识、情境三者交互作用的产物，根据对情境认知的这一认识我们认为情境认知有以下基本特征：

1．逼真的任务情境

情境认知理论认为，通过学习获得知识是为了使学习者更好地认识客观世界、有目的地改造世界，然而实践证明，课堂上获得的知识技能很难迁移到人们认识世界改造世界的行动中。情境认知理论重视学习一般技能在多种情境中的应用，并且强调在应用情境中教授知识与技能，应用情境可以是真实的工作环境，也可以是虚拟、仿真的工作环境。

2．实践共同体

“实践共同体”这一概念强调，学习是通过参与有目的模仿活动而构建的。在学习过程中，学习者参与共同体情境，实践能力不断增强。随着学生作为一个初始者或新手逐渐从该共同体的边缘向中心移动，他们会变得比较积极，较多地接触共同体中的文化，并开始扮演专家或熟手的角色，Lave 以及 Wenger 把这种设想称之为“合理的边缘参与”过程。

3．合理的边缘参与

合理的边缘参与是指这样一个过程：学习者从实践共同体的新手，即只是共同体的边缘参与者，到积极主动地参与到共同体文化，并开始扮演专家或熟手的角色。

三、非正式学习理论

（一）非正式学习概念及特征

1．非正式学习概念

学习分为正式学习和非正式学习，非正式学习最早是 Malcolm Knowles 在 1905 年提出的。关于非正式学习的定义非常多，各人有各人的观点，但是大致意思是一致的，例如说：余胜泉教授就为非正式学习下过定义，“非正式学习”主要是指在非正式学习时间和场所发生的，通过非教学性质的社会交往来传递和渗透知识，由学习者自我发起、自我调控、自我负责的学习。

2．非正式学习特征

（1）不受时间、空间和年龄的限制

非正式学习没有固定的学习场所和特定的学习时间，学习者可以自发性学习也可以根据自己所制定的目标进行学习。完全不受年龄的限制，学习者能够在任何时候利用移动设备、网络或者和他人交谈的过程中进行非正式学习，任何想要学习的人都可以通过非正式学习获得知识、增长经验和技能。

（2）学习的动力来源于自身

非正式学习不像正规教育一样通过老师和同伴的监督实现上课和练习过

程，它完全没有外界的强制性，学习者的学习纯粹属于个人需求，可能是专业需求，也可能是职业需求或者其他方面的需求。而学习的最终效果取决于他自己的自主学习能力、自我调控能力以及对于知识的敏感程度。

（3）学习具有情境性和协作性

非正式学习还具有情境性，非正式学习一般与生活和工作联系在一起，而不是脱离情境的枯燥知识，在情境中更容易获得实用的知识并进行高效的学习。学习者在学习的过程中不仅可以与同伴进行交流和知识共享，也可以形成学习共同体、虚拟学习社区等进行相互学习、相互帮助以及共同进步。

（4）学习具有社会性

非正式学习的知识来源不像正规教育一样通过学校、书本、老师和教学活动等里面获取，也不是在特定的场所通过设计的活动获取的固定知识。而是学习者在社会交往和社会活动中，通过与他人以及网络的交互获取的知识和技能，学习者通过非正式学习学到的知识也会反馈到生活和社会中，是社会活动的一部分。

（二）非正式学习的形式

目前，大多数学者都认同的一种分类方式主要是根据参与人数的多少进行分类，将非正式学习形式分为：自我内省、协作学习、实践团体、网络团体四种。

1. 自我内省

学习者在日常的生活、工作和娱乐活动中，通过自己思考、自己琢磨以及自己感悟的方式获取新知识以及激发新思想的过程。主要包括阅读和浏览书籍、在报纸上汲取知识，观察别人的行为和技巧进行自我反思，模仿别人的动作等吸取别人的优点和经验，以其弥补自身的不足和短处，从而达到获取知识的目的。

2. 协作学习

协作是指在日常的工作和生活中，两个或两个以上的个体进行相互交流、协同工作和学习，共同完成某一项任务。每个个体都处于社会这个大网络中，都是与他人相互联系的，在与他人进行互动、相互影响、合作的过程中获取新的知识。

3. 实践团体

实践团体是指在工作过程中、生活中或者娱乐活动中逐步成立起来的一种非正式群体，没有严格的纪律和组织性。它的形成、发展和解散都具有比较大的随意性，一般都是由于人们共同的兴趣、爱好、目标和技能等，它的结构松散、没有固定的规则。

4. 网络团体

网络团体是当今最为流行的非正式学习形式，学习者在自由的网络环境中和他人交流经验、分享知识、交换看法、相互合作、相互帮助。团体中的人可以是家人、朋友、同学、同事等，也可以是完全不认识的陌生人，他们是由网络将不同的群体联系起来。在团体里交流的学习内容可能和工作有关也可能和工作无关，它不是虚无缥缈的团体，从某种程度上说，它比社会中的具体团体更加真切，成员之间都愿意进行真诚地交流。

四、联通主义

（一）节点

按照联通主义学习理论的论述，所谓节点又可以称之为顶点、元素或者实体，也就是任何可以连接到其他元素的元素。节点与连接之间的关系是每两个相互关联的节点之间存在一个连接；节点与网络的关系是节点构成了网络上的单独实体。西门斯认为，基于联通主义构建的学习网络中，节点的存在方式也是具备多样性的，人们已经或者将要了解的元素都具备成为节点的条件。比如说个人的情感，独立的意识，与他人的沟通语言或者动作，甚至是任何规模、任何形式的信息源。一个完备的学习过程必然是一个由多节点构成的学习网络。

此外，两个节点之间的关联性也会受到诸多因素的影响。两个相邻节点之间建立连接实际上意味着在两个节点之间可以存在任何理论上的信息流动，这种信息流动的方向有可能是单向的也有可能是双向的，具备不完全限制性。节点在联通主义下应该受到网络的影响，但是在符合整个学习网络的运作需求的同时，节点也具备较好的自主性和自由性。

（二）连接

在联通主义学习理论下，所谓连接实际上主要指的是学习网络中相邻节点之间的关系。连接在实际的学习过程中主要表现为信息的流动或者学习行为的发生。通常当信息由节点外流动到节点内时，这一信息流动就能够将信息传出的节点与信息接收节点进行连接，新的信息被接纳，旧的信息被完善，这实际上正对应了人们实际的学习过程中对新知识的掌握和旧知识的补充与完善。连接是节点构成学习网络的前提，同时不同节点之间信息流动的强弱也决定了节点之间的连接强弱。实际上西门斯早就已经指出，在不同的学习网络中，节点与节点之间的连接权重是不一样的，这恰恰也体现了不同学习个体之间的学习需求差异。

（三）网络

作为联通主义学习理论应用于大学生自主学习能力的最终表现形式，学习网络的也具备多层次结构的特点。也即在整个学习网络之中，应该存在着节点—小网络—大网络，这样的一个层级结构，也就是说节点和学习网络之间实际上具备一定的相互转化性，节点构成了小网络，而同时小网络又可以看作是大网络的节点。

按照西门斯等人在联通主义中对网络的界定，联通主义的网络定义可以分为狭义的网络定义和广义的网络定义两种。其中，狭义的学习网络是指单一个体的认知结构或者经验积累过程；广义的学习网络还应该涵盖与此相关的一切人工制品。学习网络的构成实际上是一个渐进的过程，静态结构是相对的，动态结构是绝对的。这实际上对应了有限的人类个体认知与无限的知识内容之间的关系，同时也符合在社会环境下个体应该持续不断学习，以保证更加适应这一社会的重要原则。学习网络的主导者对新节点的形成往往具有决定性的作用，这取决于个人特殊的学习需求。人类个体不仅通过个体之间的连接达到相互学习的，相互提高的目的，同时还会与外界环境形成类似的个体之间的连接，具体表现为，人类个体适应社会环境，同时对于社会环境的形成产生一定的影响。

第二节 泛在学习促进实践教学创新模式概述

一、泛在学习促进实践教学模式的宗旨目标

实践教学目标是高校构建实用性人才的培养模式的基本依据，在高校实践教学的理论和实践中处于核心地位。进行实践教学，必须要有明确的目标。通过相关的研究资料能够发现，促进学习者高阶能力的发展是泛在学习促进实践教学教学模式的最高宗旨和目的，这是综合了素质教育、多元智能等几个视角，审度了知识时代的特点和综合把握人才素质结构变化研究的结果。

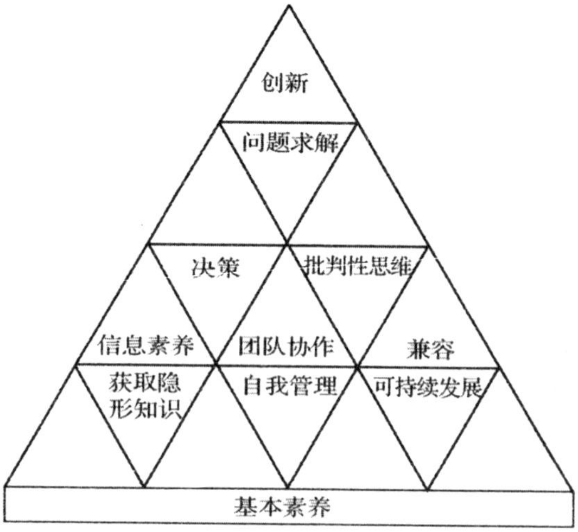

图 1 高阶能为结构模型图

高阶能力是指适应知识时代和个人发展需求所偏重的能力，下图是一个高阶能力结构模型图。这十大能力作为一个整体构成了实践教学的目标体系。

（一）创新能力

创新是人们改变客观现实的创造性活动。创新能力的形成和发展主要是以实践活动为基础，实践能力是创新能力形成和发展的重要前提条件。创新的结果和效果要通过实践活动在现实世界中体现出来。

（二）问题求解的能力

问题求解的能力主要指的是：学习者对问题的本质的认识以及把握的能力，以及学习者对问题的表征的理解能力。这对实践教学的教学效果至关重要。除此之外，学习者之间的个体差异也同样会影响到学习者对问题的解决结果。

（三）决策能力

学生不仅仅是实践教学的参与者和执行者，还是实践行为的决策者。学生不仅要解决“怎么做”的问题，还必须要解决“怎样做更好”的问题。培养学习者的决策能力，就是要求学生在实践教学活动的过程中，为了达到实践活动的目的，根据实践活动的特点选择适当的方法和方式，采取相对系统的行为。

（四）批判性思维

在实践教学的过程中，应该注意培养学生能够用全面的、批判的以及文化的观点看待实践，在追求实践目的的同时，要注意实践手段的真、善、美，在实践中形成应有的社会责任感和生态伦理意识。

（五）信息素养

所谓信息素养主要是指运用信息资源进行问题解决和创新活动的能力，是一种终身学习和自主学习的态度、方法和能力。在实践教学活动中，应当注意培养学习者利用各种信息工具特别是网络技术工具的能力。

（六）团队协作能力

随着协作学习的不断发展和完善，实践教学中越来越多的需要团队协作，因此交流沟通能力、组织协调能力、理解能力、人际关系能力等都将会变得越来越重要。

（七）兼容能力

由于实践教学的环境、情景、设备等种类非常繁多，因此具有较高的适应环境和应对变化的能力非常重要，也即是善于不断学习，顺应变化和在不同的环境中发挥作用的能力。兼容能力是和团队协作能力、获取隐形知识的能力、决策能力、创新能力等方面的能力发展有密切的内在联系。

（八）获取隐形知识的能力

实践知识是从实践中获得并在实践中得到确证的知识。与理论知识不同的是，实践知识是内隐的，往往存在于个体之中，没有明确的逻辑形式，缺乏严密性，因此培养学习者获取隐形知识的能力对学习者学习和掌握实践知识是非常重要的，从而能够有效避免造成学生中出现“高分低能”的现象。

（九）自我管理能力

自我管理就是指对实践教学活动过程实施计划、监控、评价以及反思的能力。自我管理和学习策略中的元认知策略管理和资源管理有密切的关联。

（十）可持续发展

独立学习和终身学习是实现可持续发展的根本保证。学习者在实践教学中所获得的实践知识具有情景性、不系统性，但是并不能保证其在实际生活或行动情景中能自动应用。因此，在实践教学中，引导学习者通过实践活动将知识“内化”和“活化”，并与个体的直接经验相结合，最终应用到个体的生活中，促进人的可持续发展。

二、泛在学习促进实践教学模式的活动模型

基于微博的实践教学活动模型图主要从系统论和控制论的角度出发，既涵盖了实践教学活动中各要素间的关系、各角色的作用，又从时间的角度阐述了实践教学活动进行的先后步骤。实践教学过程中，教师、学生、专家各司其职又相互关联，整个活动步骤既相对独立又相互交叉，每一步都是在上一步的基础之上迭代产生的。

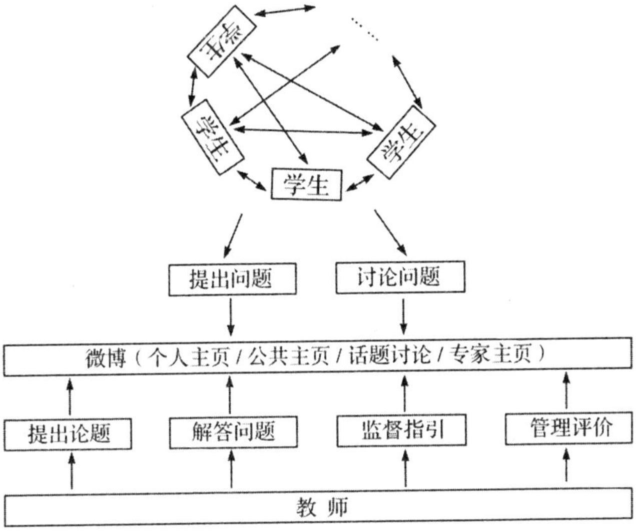

图 2 泛在学习支持的基于微博的实践教学活动模型

（一）提出问题

提出问题主要包括两个方面：一是由学生提出问题，这种情况一般是学生有针一对一性的就某一具体问题提出疑问，这个时候教师经过分析，可以就此问题回答该学生，也可以适当扩大该问题引出新的问题，由此引出一个新的实践活动。二是由教师引出问题。教师需要根据学生的泛在学习设备拥有情况，学生的现有认知能力，选取内容有趣、难易适中的论题，并依次制订实践活动方案。

（二）讨论与解答问题

从模型中能够看出，学生可以在微博上选择与同学、教师、专家进行交流。可以建立话题讨论区，也可以建立网络群体进行讨论。该部分的核心就交互与协作，包括师生之间、学生之间，尤其是学生与学生之间的交互，借助泛在学习技术会更加流畅。此外，在讨论开始之前教师会制定相应的评价规则，包括实践活动任务的完成情况，小组合作情况，提问次数，帮助别人解答问题的次数等，便于活动结束后对学生做最后的总结性评价。

（三）监督指引

向所有网络学习环境一样，缺乏必要的学习约束和自律规范，学生很容易就会偏离主体，作为教师就要及时地引导。面对信息的海洋，教师给出明确的实践目标和实践活动时间安排能够避免学生荒废实践、注意力不集中或者信息迷航；还可以通过小组协作的方式，与同伴间互相监督完成实践教学任务。

（四）管理评价

由于微博属于社交化媒体，所以在实践教学得过程中，应该尽量避免与教学活动无关的人员的干预，这就需要教师通过私下沟通的方式确保实践教学活动环境，确保学生的健康成长。在实践教学活动结束后，对学生的表现做总结性评价，不仅关注实践活动的完成情况、知识的掌握情况，更关注学生的学习态度和其他能力，并发起学生间的互评。教师还应分析此次实践中的得与失，为后续的泛在学习实践教学积累经验，促进该模式的改进与完善。

三、泛在学习促进实践教学模式的效果评价

以目前的现状来看，关于泛在学习的学习绩效研究却一直没有能够得到足够的重视。在这里研究的内容涉及到评估泛在学习技术和模式解决是否能有效促进实践教学活动的具体问题，因此如何度量学习绩效，判断教学实践能否达成目标也是需要解决的难点和重点之一。此外，对泛在学习绩效评估方法的研究将会丰富教育技术学的理论体系，推动泛在学习方式应用，将更好地指导泛在学习各方面的研究。

泛在学习促进实践教学模式的效果评价除了对学习者的学习成果予以评价外，还必须要包括对学生实践过程的评估以及对教师支持学习情况的评估。评价方式包括学习者体验评价、专业评价和量规评价 3 种方法。其中量规方法具有操作性好、准确度高、标准化、公开化的特点，是评价的有利工具。评价该实践教学模式是否有效，必须要制定有效可行的量规。

第三节 泛在学习促进实践教学创新模式的实现条件

泛在学习视域下的实践教学活动主要就是在泛在学习的环境下，将实践教学的内容设计成为一系列相互关联的活动，借助合理有效的教学方法和泛在设备，师生共同参与，完成实践活动目标的过程。这个过程需要调动与实践教学活动相关的所有要素，互相配合，共同作用。实践学习活动的要素主要包括有目标、角色、方法、设备、环境等。

泛在学习促进实践教学模式的主要要素包括四个：第一个要素是实践学习活动的目标。又分为宏观宗旨和教学目标，在前面已经详细介绍过了该模式的宗旨。教学目标就是教师要教，学生要学的内容。教学宗旨决定了实践教学的方向，教学目标决定了教学中使用什么样的设备，设计什么样的实践活动。第二个要素是实践教学的教学方法、教学媒体以及实践教学的设备。本课题构建的是基于泛在学习的实践教学模式，所以教学媒体和教学设备均采用泛在学习设备。第三个要素是教学环境，任何实践活动都离不开环境，从实践活动开展的环境角度来看，该课题下的环境包括：课堂环境、自学环境、网络环境、实验室环境、参观环境等。第四个要素就是人及其在实践活动扮演的角色。该模式下的实践活动离不开学生、教师和专家的参与。

一、教师

在实践教学的整个活动过程中，教师的角色按照时间教学进行的时间顺序大致能够分为三个阶段：实践前、实践中以及实践后。每个阶段的教师角色都有所不同。

实践前：在实践教学开始之前，教师应该针对既定的学习者设计实践教学活动，提出实践教学的目标，预测实践教学活动的结果，组建合作学习小组。

实践中：在实践活动进行的过程中，教师不再像以往的课堂教学，教师不再是实践活动的主一导者，而是从“信息提供者”转变成学生的“帮促者”，在必要的时候为学生提供帮助。此外教师还要担任监督和控制的角色，以保证实践教学在按照设计的方案进行，预防学生误解或偏题。

实践后：实践教学活动结束后，教师应根据学生的知识掌握情况、参与活动情况、与他人合作情况等多个方面评价学生的表现，并将评价结果反馈给学生本人。教师也应及时总结此次实践教学活动过程中的优点和不足，为以后的实践活动积累经验。

二、学习者

学习者是一切实践教学活动的中心，作为学习活动的主体，学习者的一切实践活动都是基于自身特点进行的，因而，重视对学习者特征的分析，是确定实践教学目标、选择实践教学策略、进行实践教学评估的非常重要的依据。

（一）一般特征

一般特征主要是指那些与课程无关的但是可以影响学习者学习方式的特征。千差万别的个体之间存在的细微特征会影响到教学方法、教学媒体、教学内容的选择。所以，教师在设计实践教学活动的时候，应该首先分析学习者的一般特征。

（二）学习特征

学习特征是指那些与课程学习直接相关的因素，包括先决知识、学习策略、学习风格和资源因素等。

先决知识，主要是指学习者的原有知识准备状态。包括学习者是否已经具备学习新知识所需的知识技能，学习者是否已经掌握或部分掌握了教学目标所制定的知识技能，学习者是否对所学内容存在偏见或者误解。基于以上三点的了解才能够确定教学从何处开始。

学习策略，主要指的是学习者在学习活动中有效学习的程序、规划、方法、技巧以及调控方式。学习者如果具备良好的学习策略，则能有效的提高他们的学习成就。了解学习者的学习策略，对实践教学策略的设计至关重要。

学习风格，主要是指学习者最佳或最偏好的学习方式，包括感知的偏好和强度、信息加工与处理习惯、学习动机倾向等。学习风格的分类有很多，比如信息、感知风格（听觉—视觉—触觉—动觉）、信息加工风格（场依存—场独立）、焦虑水平（高、中、低）以及左右脑分类。

资源因素，主要是指学习者的学习学费或开支情况，学习场所和可利用的学习时间，是否有其他人员支持等。对于本课题所研究的泛在技术支持的实践教学模式，尤其还需要了解学习者的设备条件，以便教师根据学生的设备情况开展实践教学。

三、专家

“三人行必有我师焉”，泛在学习技术的随时随地的特点保证了学生不再局限于教室中学习，而是可以走出教室，从生活中获取自己所需的知识经验。此课题中的专家并不是特指在某一领域有非常深的造诣的研究者，课程的设计人员、课程顾问、学校辅导教师、学生家长、教务管理人员、对实践教学活动内容比较了解的人员都可以称为“专家”，他们在实践教学活动中承担着“咨询”和“辅助讨论”的角色。通过面对面或者网络的方式，直接或间接的回答学习者提出的问题。

四、泛在学习环境

泛在学习设备作为教学媒体，是承载信息、传播信息的手段。从记录以及现实信息的方式来看，每一种媒体都有其自己的优点和缺点。选择合适的泛在学习设备，需要考虑媒体的种类，学习者的多样性、要达到的教学目标等，此外，还要考虑教学媒体的特性以及使用时间长短等多方面的因素。

此次实践教学的应用案例采用了微博这种新兴的泛在学习工具，这是因为：

微博能够与课程相关的内容相匹配；

微博更新及时，能够保证交互的及时性；

微博属于文字内容，能够清晰准确的传达实践活动的内容；同时也可以包含声音、图片、录像内容，表现丰富；

微博能够激发、维持、调动学习者的学习兴趣；

微博能够保证每个学习者都有参与实践活动的机会；

微博是一个稳固的信息平台，有良好的技术支持；

微博的操作简单、方便，价格便宜。

五、相关应用分析

可以选择一门实践性比较强的基础课程，以提高一年级学生的学习兴趣和学习能力为目的，设计此次教学活动。

实践目标主要是：了解学生对泛在学习活动的接受和参与程度，研究微博作为移动学习工具对于专业课程学习的促进效果。

（一）方案设计与实施

对日常生活中与课程有关的案例进行收集；将其编辑好或拍摄好的照片用手机本地上传到个人微博，注意格式，而且要加照片编号；学生可以使用手机进行“评论”。

试验结束后，教师统计并发布实践活动结束。在规定时间内教师应当完成对学生的评价，并将各评价结果上传个人微博。

（二）研究结果分析

实验要求必须要反馈及时。教师应该根据每条微博的回复情况，适时地进行问题的相关解读。实践活动结束以后，教师要根据上传照片数和回复评论数、回复的速度及回复的正确率，评价每个同学的表现。

（三）专家评价

微博作为一个新兴的社交媒体平台，为泛在学习提供了一个新的工具，为实践教学提供了一种新的模式。微博以其完备的功能、低廉的成本和高度的覆盖面，在教育领域的应用将会越来越广泛。

在实践活动中，能够很明显地看到微博促进实践教学的几个优点：

第一，以微博的形式开通实践活动技术门槛较低、简单易行，教师不必再花费大量的时间去开发或学习一种新的软件或教学平台，而且微博简单易操作，也无需花费太多的时间去指导学生如何使用；

第二，微博具有自我建设能力，微博平台中个人主页能够让学习者一点一滴地积累自己的实践经验和过程，这样，不仅教师的成果可以变为教学资源，学生在教师的指导下，也可以进行相关的学习，共同贡献资源，促进实践活动的持续进行；

第三，微博平台公开、透明，微博既可以节约时间，还能实现公开、透明的过程和总结性评价，激发学生学习的积极性；

第四，通过微博平台，学生不再局限于课堂中接受到的信息，在网络中更能体现学生的主体地位，实现集体学习和个性发展的齐头并进。

第七章 泛在学习下实践教学创新模式中微博应用

第一节 微博概述

一、微博的界定

第一类涵义，主要是观照到微博与博客之间的内在关联性，并以之作为界定微博的主要依据。例如，在维基百科上对微博涵义的界定，主要是将微博定义为博客的一类而展开的，认为微博实际上只是博客的子集。当然，维基百科的定义也注意到了二者在阅读与发布层面上的差异性。与这类定义相类似的是，虽然也关注到了微博源自博客，但毕竟是两种不同的类别，在许多方面有优于博客之处。所以，一些专家将微博归纳为："微博，即微型博客，这一术语译自英文单词 micro-blog，简单来说其实就是传统博客的一种变体。用户可以通过手机、即时通讯软件（如 QQ、新浪 UC、MSN 等）、电子邮件、网页等形式从个人微博客发布短信息，文本内容一般被限定在 140 个字以内。"

第二类定义则关注到了微博本身所具有的技术性元素。例如，百度百科对于微博涵义的界定："微博，也就是微型博客的简称，是一个基于用户关系的信息分享、传播以及获取的平台。微博用户可以通过网页、WA P 以及各种客户端组建个人社区，以 140 字左右的文字内容更新其发布的信息，并实现即时分享。"该类型的定义主要观照到了微博在整个互动过程中所具有的平台作用，即着眼于微博在多客户端发布、速度快捷性的更新以及任一用户的在任一时间共享资源等方面所具有的优越性，从而揭示微博的独特性。

第三类则将界定的重心移向于微博具有的社会交往功能。比如："微博，也叫做'微型博客''即时博客'，是在 web2.0 时代下，新发展起来的一种新型的互联网社交服务，具有集成化、开放化的特点。现在微博也将移动通信和互联网之间连接起来，让网友可以随时随地便捷的通过手机或者电脑来发送信息，信息内容有篇幅限制（140字以内），在微博上发布信息，不仅仅限于文字，图片、音频、视频都可以随时上传，能够实现动态的和别人分享生活和感受。”即凸显出微博用户使用过程中的个性感受内容，并引申出发布微博途径的多元化、快捷化以及文本内容的丰富性等。同时，该定义也注意到了微博的动态性特征，即在微博发布的同时，网络社交也相应地展开。

综合上述不同类型的定义，提炼出最为核心的要点内容，对其涵义总结如下：

微博，其原型来源于博客，在体制规模上属于非正式型、迷你型。它通过互联网的平台，对用户发布的信息多以转播的形式进行资源共享，并以跟帖留言的方式展开互动的过程，不拘泥于时间、地点以及操作的主体对象等。其篇幅精短，其字数规定在140汉字之内。在具体分布信息的方式上，也出现了多元化的现象。在发布信息的途径上也呈现出多元化的特点，手机、Web等都是主要的媒介。

但是，虽然微博的精确定义莫衷一是，现实中的发展却已经如火如荼地进行着。从微博在中国的发展情况来看，自从微博中兴于2009年之后，国内的“微博元年”已经在2010年悄然而至，各家传统媒体均纷纷关注到了微博的社会现象。而中央电视台举办的2011年春晚也有意识地了借用了微博的新型作用，从一定程度上说，推动了微博的进一步发展。

二、微博的特征

（一）便捷性

也就是说，由于微博本身的便捷性，大大地降低了通过微博发布信息的门槛。这个可以从两个方面展开论述：其一，在技术方面的难度得以大幅度地下降。与之相比照的是博客占据主体的时代，电脑是发布博客的必需媒介，而这显然在一定程度上约束了人们发布信息的及时性与自由化程度。毕竟并不是每个人都可以随身带着电脑来写博客。其二，从经济的角度而言，电脑更多地被贴上了“奢侈品”的标签，因此，许多人将因此被拒在博客的大门之外。当然，微博的出现，在一定程度上改变了这一现象，用户发布信息的媒介正是便捷而又轻巧的手机。只要根据相关的向导，就能够创建微博账号，只要手机随身携带，便能够及时性地在微博上发表信息。在微博的使用上，也是非常简单的，只要有一部手机，建立起来一个微博的账号就可以自由随时随地发表微博内容。其他微博用户在分享信息资源的同时，也可以借助于手机、网站等多种途径进行分享。在这样的环境背景下，微博为广大的网民提供了更为广泛、更为平等的言论发表途径与机会。

（二）背对脸性

博客更多的是面对面的交流，而微博则与之相反，并不直接出现用户的面孔。换而言之，这一点正像是用户正坐在电脑前玩游戏，无需面对面地与用户身后的路人接触就能够共时性地产生交流的过程。既有一对多也能够点对点。当路人对你产生兴趣之际，便产生了跟帖与用户被关注的现象。而移动终端所具有的便利性以及多媒体化的特点，更加真实地凸显出微博的粘性特点。换而言之，微博用户由于本身所具有的匿名性特点，同样地表现出平等性的身份。由于微博本身是网络的产物，因此，与网络所具有的匿名性特点相类似的是，微博也同样具有了匿名性的特点。当然，微博也可以采取实名制的注册方式（这在一些名人中比较多），而大多数的网民中间，则更多的是以隐姓埋名的方式出现在微博上。这样的优点是显而易见的，即可以不拘泥于现实的干扰而畅所欲言，各个用户之间基本上消匿了个体差异。

（三）信息实时化

微博终端渠道本身具有多元性的特点，因此，能地加快信息的传播与交流的过程。其中最为便捷的就是信息的实时化。与传统媒体相比较，每一位事故在场的用户均充当了记者的角色，及时性地在发布微博消息的同时，也能够相应地对这类消息发表自己简短的评论，不需要像以往主流新闻媒体评论得那样精到、深刻而又准确。在一些在社会上产生重大反响的事件上，微博的功能比传统的媒体更加迅捷，其新闻的时效性特点体现得淋漓尽致。

（四）信息碎片化

正是因为信息字数的硬性规定，在报道相对复杂的事件的时候，往往容易出现片段化的特点，即在简短的字数内，往往只能够截取整个事件中的一小部分。因此，每个微博的用户更多展示的是自我生活琐碎化的内容，主要包括职业动态、社会新闻等内容，并不具有传统严格意义上新闻的规范性特点，呈现出鲜明的个性化风格。

（五）反馈多样性

与以往的媒体迥异的是，传统的传媒突出地表现出鲜明的传输话语与受众的二元性特点，无法从受众者那儿得到相应的反馈信息。而微博最为明显的特点之一正在于其非常有效的互动形式，解决了这一不足的现象。任何读者均可以对微博的内容进行浏览、评论，能够起到相应的互动作用。

三、微博的社会价值

（一）微博正在抢占新闻报道的制高点

在历史的长河中，传统媒体往往把持着大部分的信息的发布权，它们既主导新闻的议题，又是内容传播的中介，普通民众是信息的接收者，因此关于内容的接收只是被动的，没有发布权。微博产生以后，曾经的这种受众没有主动权的“专业主义屏障”已经渐渐消失，为平民打造了能够快速方便的发声舞台，这就形成了一个“谁都能发声，谁都能成为焦点”的现象。

我们只需要简单的技术设备与微博相关的使用规则，就能够成为信息发布的主导，只要发布的消息够新鲜够有社会效应，你就能够成为“公民记者”。对于那些社会中的即时事件，微博能够起到“秒互动”的效果，在短短几秒钟目击者就能够对实时状况进行发布，信息接收者也能够在几秒钟内进行反馈，因而微博的即时性、现场感与速度型，是其他媒介无法比拟的。

微博带来的已经不是媒介传播方式的改变，而是新闻传播主体的移位，对传统媒体作为信息中介者（或传播者）的地位形成直接挑战。技术的进步与社会发展的日新月异，各种实事新闻不断发生，新事物、新矛盾、新状况时有发生，受于财力、经历的制约，传统媒体往往无法在每个地方设置发布信息的人或机构，更无法触及到各个区域内的每个角落。但是，微博就不同，其数量巨大，广阔地存在于社会中的每个区域，渗入到各街各巷，他们或是旁观者，或是参与者，关注与书写着他们看到的正在发生的事情，同时利用多种多样的角度与看法对其展开传播与解释。

（二）微博正在成长为一种新型的社会生活方式

微博关于社会生活的作用，源于其所拥有的“社会性”。微博是特征非常明显的社会性应用，其以计算机技术与信息技术为基础，在性能方面能显示与推动现实社会关系的产生、发展与交往活动的产生，这就使人的活动与软件的功能合在一起。

其中心理念就是一种聚合发生的效应，同时针对三个层面：“一是应用层面，即推动社会生活协调作用的软件应用；二是媒介层面，即便于沟通交流与消息传递的信息工具；三是生态学层面，即人员、行为、爱好、目的、信息技术有机形成的人机系统。”经过几年的发展，微博在媒介层面与生态学层面彰显了诸多社会价值。

（三）微博开启了舆论自由的新篇章

互联网“人人都是焦点，哪里都是边缘”的应用特征转变了以往媒介的消息传递体制。纸质媒体与电台荧幕媒体在信心传递中，接收者往往是被动，没有相对的主动权。但互联网为网民供应了交互传递快捷道路，以交互式人机交流界面与信息超文本链接，因而使用者拥有较高的主动权。用户不但能够按照自身爱好自主碰触信息，又能够反馈出建议与看法。“微博”的新型交互形式决定了每个人都拥有发布与传播消息的权利。

（四）微博提升了民主监督的效能

政府是体现人民意志的部门，人民能够依靠多种形式对国家与地方各个部门与进行监督。传统媒体对公众事物的播报，往往是大众探讨公共事务的依据。对外开启的平台，人们对国家大事的参与和讨论，能够对避免相关部门产生违背人民意愿的错误决议起到积极作用。如今不但平民百姓使用微博，政府官员也络绎不绝地通过微博与人民交流，倾听人们意见、意愿，接受大家监督，从而推动实施得到人民支持的决策，加速相关问题的解决。

第二节 泛在学习下自主式微博教学

一、自主式微博教学情境的概念

相对于传统面对面的课堂教学，虚拟式的微博教学情境具有跨时空、开放性、数字化、碎片化以及跟随性等特征，更加强调学习过程的沉浸性、泛在性、协作性和智能性等，是一种综合了教师、学习者、教学内容、社会情景、教学情景等因素的自适应式的特定情境。自主式微博教学情境的构建是多维度、立体化而且又是全方位的，它不仅涉及到教学目标、教学活动、教学过程、教学条件、教学资源、教学策略等软环境的设置，更重要的是它突破了传统面对面的交流，将学习者完全置身于泛在式的自主学习情境中，需要借助网络技术、软件环境、网络资源等搭建起一个泛在的交互平台，以实现学习者在泛在学习环境开展自主式的微博学习。

二、自主式微博教学情境的交互解析

泛在学习环境下的自主学习行为是由个体的内在学习动机所驱动，其本质是学习者主动与外界进行信息交换和加工的过程，学习过程的行为变化受个人内部意义建构和外部环境交互情况所影响，学习效果取决于自身元认知能力和自我控制能力。潘庆红将此过程中的交互行为划分为三类交互：学习者与媒体界面的操作交互、学习者与学习资源的信息交互、学习者与学习共同体的社会性交互。在自主式的微博教学中，依据学习活动理论，教学的交互要素主要有学习者、微博、学习资源、学习共同体等。

（一）学习者与微博界面的操作交互

学习者所有的学习操作都要在微博界面上完成，微博的界面设计、功能设

计以及交互式设计都会在微博界面上有所体现，这些设计直接影响学习者直观的学习体验。

（二）学习者与学习资源的信息交互

学习者在学习的过程中通过检索获取资源，再通过消化知识对资源进行重组和再造，最后在微博上分享和评价，对再造的资源进行扩散和传播，完成了学习者与学习资源的交互。学习者对资源加工再造的过程，也是学习者大脑中新旧观念不断“顺化”和“同化”的过程，个体与资源之间不断地进行信息交换，这些信息加工和交换的过程构成了学习者与学习资源之间信息转换的复杂系统，是自主学习过程中的核心交互行为，学习者借此能够实现从接受认知到建构认知的提升。

（三）学习者与学习共同体的社会性交互

学习共同体的概念是由博耶尔于 1995 年提出，主要指的是一群拥有共同使命和愿景的学习者组织在一起分享学习的兴趣和经验，相互协作和进行群体知识的建构的团体。微群由于具有私密性、聚合性、时效性和临场感等特点，所以特别容易将微博里有共同志趣爱好的学习者聚集在一起组建成动态的学习共同体。运用微群构建学习共同体具有多渠道的隐性知识显性化、便捷的海量碎片信息重组、良好的软件功能移植性等优势，特别适合在泛在学习环境下借助群内小伙伴，通过协作会话来完成知识的建构。

三、自主式微博教学情境的特性

（一）便利性

微博自主式学习具有便利性，只要求有网络以及网络设备就可以，比如手机、电脑或者是平板电脑，在任何时间都能够及时查看更新的信息，或者是发布信息，有助于随时随地开展学习，具有较高的时效性。在计算机信息化的今天，人们可以自由发表意见和评论。微博中的长微博功能能够使人们在灵感乍现时记录下来即刻与人分享，在不同时间、空间一样可以开展讨论，并得到快速回复，这样的学习讨论为我们带来很多的便利。

（二）开放性

微博具有开放性，发布在微博上的信息具有很大的流动性，能够达到共享的目的，而且形式比较多样，更加能够吸引学习者的学习热情，与课堂上较为严肃的气氛相比较，开放式的微博学习可以给学习者更多的思考以及交流的机会，有助于开拓其眼界以及思维，培养学习者的思辨能力、评判能力等。但是网络微博也存在弊端，微博的信息量非常大，教学者要积极引导学习者进行正确的学习，对资源有分辨能力，并不断扩大自己的社交圈，汲取更多与学习相关的信息。

（三）智能性

学习者通过手机号码、邮件地址或者是百度账号等申请微博账号，电脑、手机或者是平板电脑均有登入口，直接输入账号，或者是直接扫描二维码登入，登入方式简单。微博的基本功能有发布长微博、发图片、开直播等，还有支持搜索用户、图片等操作。在教学中，可以将数据量较大的学习资源进行整理，上传有价值的学习资源。

（四）互动性

开放式的微博平台，个人的角色可以是学习者也可以是教学者，微博用户间可以相互关注，私信往来，发表微博动态时还可以@对方，对微博进行评论点赞或者是展开话题讨论，在微博发表图片、音视频或者是动态图片，还可以将你遇到的问题在微博上公布，让大家为你分析解答，进行有效互动，这就是微博学习的过程。同时，微博还可以对建立话题展开讨论，建立微群使大家的言论更加集中，进行更深层次的探讨，即可达到自主学习的目的。

（五）泛在性

只要拥有网络客户端，如电脑、手机、平板等设备，在任何时间、任何地方即随时可以发布信息，更新内容，方便快捷，可以做到随时随地的学习，具备了 4 A（anywhere、anytime、anyone、anything，即任何地方、任何时候、任何人、任何事情）元素，具有很高的时效性和临场感。在信息化社会里，每个人都有分享自己、展现自己的需求，有些瞬间的灵感基于微博便很容易被记录下来且能及时与人分享，在课堂学习或会议交流的时候，快捷的回应也使讨论不会因为时空的差异而中断。

四、自主式微博教学情境设计

（一）自主式微博教学对策

1．学习者的特征

自主式微博教学中教师扮演的是引导者的角色，要及时对学习者做出学习评价，当学习者遇到难题的时候要及时帮助解答。学习者特征主要内容包括有认知能力、学习风格还有元认知水平等方面，这些因素直接影响学习者微博自主的效果，所以，教师要善于总结学习者的学习特征。

2．重视教学目标和计划

通过对学习者的特征进行分析，传授者要编写适合学习者的学习内容，循序渐进，明确学习目标并实现学习目标。

3．进行评价和反思

自主式微博教学评价呈现阶段性，主要对学习过程和学习结果两个阶段分别进行评价，对知识的掌握程度越深，证明自主学习的成效就会越好。而反思则表示学习者通过回顾、自我评价，进行阶段性的总结，有助于查漏补缺。

4．教师专业素质的提升

教师在扮演引导者角色的同时也是考核者，所以要不断提升微博的使用能力，善于运用微博实现知识的传授，体现微博教学的优点，进行粉丝管理，积极的参与学生讨论的话题，提出自己的见解，分析学生对话题的评价。以专业的态度进行微博教学，有效促进学习的自主学习。

（二）教学资源的分配以及开发运用

1．要明确自主式微博教学资源的设计原则

在泛在学习环境下，学习者一般是利用零散时间进行学习，学习环境不稳定，容易受到比较大的干扰，将具有完整性的教学资源发布在微博上，效果不佳。因此，要做好教学资源的设计，做到更加符合微博需求，精简、快捷是微博学习资源的特点，所以，在泛在学习环境下，要秉持精简的设计原则，设计内容要具有较强的实用性、专业性、易读性还有趣味性。为学习者明确学习目标，满足不同层次学习者对知识的需求。

2. 明确教学资源设计方法

按照自主式微博教学资源的特点，对于教学资源进行的是小粒度的分割方式的设计，也就是说，在某一期学习中，以讨论一个主题的方式开展学习，主题下面还包含几个小话题，再将小话题进行细分，使得学习更加顺畅，将知识点细分到最小，这样既可以促进学习者进行交流还可以将知识点完整地呈现出来。

（三）微博在第三方教学网站中的整合应用

要优化微博教学实效，就要将微博以及其他的网络设备连接起来，对资源进行整合，优化支配。比如，学习者在浏览其他网站的时候，一眼就能够看到微博最新消息动态，增强微博影响力，同时还将微博上其他的教育内容保存在收藏目录下，以便回顾学习。将微博内容分享到其他网站，就要有第三方提供网站，在进入新浪微博的时候，最简单的内容分享在浏览内容的左下角有一个转发按钮，点击分享，解开微博内容的分享。查找第三方站点，直接在微博的组件部署的操作界面，根据官方指导对文档进行编辑，设置完成后，生成一段 iframe 内置结构的 html 代码，将代码复制到网站中即可。

（四）自主式微博教学环境的开发应用

微博内置组件的使用具有一定的技术性，实用性也不是太高。微博具有很强的时效性，作为开放性的交流平台，将微博中的 API 操作细节公布在网络上，微博用户可以设计自己的微博应用，使得教学以及学习情境变得更加高效。创建微博应用具体的操作步骤如下：首先是以开发者的身份开展创建活动，其次是进行开发，再次就是提交审核，最后上线使用。提交的信息为真实信息，当提交的个人信息获得通过即可参与到开发中。完成创建后，系统会形成一个

App Key还有一个App Secret，这就是应用标识。开发属于自己的微博教学App并开展教学管理，建立讨论群组，管理微博，将微博上的情境教学作为教学重要的方式，为学习者提供更多有效的微博知识。

根据上面所述能够发现，基于泛在学习环境开展的微博学习，在教学中，教师与学习者不在同一个时空状态下，学习的过程会受到很多的干扰因素，教学情境的设计以及优化，会对学习进行一个有效的调整并促其发展，当学习者乐于享受这一过程时，就发挥了情境设计的目的。将此学习方式与传统教学相比较，除了对教学对策、教学资源分配、使用环境的影响之外，学习者学习心理状态、自我评价还有学习状态等方面也可以作为分析和优化教学情境模式的依据，以进一步提升泛在学习环境下自主性微博情境教学的效率。

第三节 基于微博的实践教学

一、微博应用于实践教学的优势

（一）改善实践教学过程中老师和学生之间缺乏交流的问题

在具体的实践教学过程中，由于现实的因素，老师与学生、学生与学生之间难免会缺少交流，不了解其他人的实践情况，而微博就能够非常好地解决这种情况。微博可以让用户随时随地地沟通，并且不限时间和空间限制地进行交流。

（二）改善实践课程的组织管理方式

目前的高校学生的实践教学的基本安排是将大学生分为几组由指导老师带领分别去不同的实践基地进行实践教学。而这样的安排难免会导致大学生在整个实践过程中缺乏专业的指导和管理。借助微博，学生可以随时发布自己的实践情况，用来记录自己的实践行为并加以反思，进而进行自我的管理；其他学生可以根据同学发布的微博信息，然后结合实践经历进行比较和思考，改善自己的实践行为；指导老师通过浏览学生发布的信息来时刻地关注大学生的实践情况，提供专业的指导和建议。

（三）改善实践结果评定的精确度

以前指导老师无法及时、准确地了解学生的实践情况，不确定因素非常多，导致最后实践结果评定的不准确。有了微博的信息发布，指导老师可以及时了解学生的实践情况，学生发表的信息，其准确度和真实性也较高，具有一定的可靠性，在此基础上的评价则是令人信服的。

二、微博与实践教学的整合

（一）改善实践教学过程中师生，生生交流匮乏

大部分教育实践活动的形式都是将大学生安排到各个单位深入一线工作岗位参与实践以获得经验和知识。大多数大学生在开始实践以后，由于地理空间等因素，一直处于与同班同学或者指导老师隔离的真空状态，不了解他人的实践情况，更不能及时与指导老师沟通。另外，各个实践基地的实践安排进度有所不同，导致同学之间出现时空差距，大家集中与指导老师交流的可行性也非常小。这样缺乏必要的师生以及生生之间的交流，将导致实践效果不佳。微博的理念就是随时随地、无处不在地沟通，可以帮助大学生跨越时空限制进行自由交流。微博的接入方式非常丰富，在微博网站上通过简易的注册，用户即可登陆使用。用户可以经由电子邮件、手机短信或者微博用户端安装的各式软件使用服务，适应性强。假如让微博平台在大学生实践中得到广泛应用，那么大家可以随时随地，方便快捷及时地发布自己的实践实况，尽可能多地共同分享实践感悟，与同伴进行交流，与指导老师进行探讨，教师也可通过平台帮助学生发现问题并采取切实措施及时解决，以确保实践质量。

（二）改善实践课程的组织管理方式

大多数实践活动的实施方式是，学生被分散或分组至不同的教育基地进行见习、实习，高等院校分配极少数的专业实践指导老师对大学生进行组织管理。这样就使得大学生的整个实践过程缺乏规范管理和专业指导。假如师资限制，那么大学生自我管理与教师管理相结合就显得尤为重要。微博平台中信息传播主体既是信息的创造者，也可是信息的接收者，可以发布信息，可以同时看到

你关注的人或你的粉丝发布的信息。每个大学生都能够参与其中并且拥有自己的个人信息、主页。如果借助微博，一方面指导老师可以浏览学生的页面时刻了解并规范大学生的实践行为，提供专业指导；一方面学生可以通过发布微博公布自己的实践现状，记录自己的实践行为，反思自己的实践，进行自我管理；另一方面其他同伴可以通过浏览同学微博了解他人实践进程，与自己的实践经历进行比较思考，改善自己的学习行为。整个实践形成指导老师监督管理，学生自我管理，同伴积极影响的组织形式，应当能够更有效地开展实践活动。

（三）改善实践教学结果评价精确度

由于专业指导老师人数、时间、精力有限，无法跟随每个学生走到他们的实践活动中去了解实践工作实情，大多数时候大学生的实践成绩是由实践学校指导老师给出评价，高校的专业指导老师参考这些评价给出最后的实践成绩。这种情况下对大学生实践结果的评价随意性大且无根据，不能保证评价的真实性和有效性。然而评价是了解大学生实践现状，改进不足的依据和动力，我们应当找到切实有效的途径改善实践结果的评价方式。借助微博平台，指导老师可以通过网络方便地了解和控制大学生的实践动向，了解他们到底做了什么工作，并且可以及时对他们的实践行为做出评价和引导。另外，微博篇幅简短，可以是一句话甚至是一个字，内容的简短、随意性、生活化决定了微博传播的是不成系统的碎片化文本，这种碎片化的信启、结成沟通网络，大大提高了信息、表达的真实性，也提高了信息传输的便捷性，快速化。学生借助微博平台更容易及时发表真实的实践现状和感想，不同于较官方的评价，更有参考价值，这些在微博上发布的相关信息可成为老师在实践结束时评价学生实践表现的重要参考依据。将微博整合进行实践教学将能为实践教学的评价提供一个有效途径。

三、基于微博的见习

在见习开始之前，构建一个微博的群组，包含所有的大学生，以便在见习过程中进行相互的交流和沟通。在见习开始之后，所有的学生都可以以自己的见习基地为题通过微博发布相关情况，让其他学生也有所了解。在见习开始的第一天，就以见习第一天为题发表这一天的所见所闻，让其他学生进行查看并对感兴趣的信息进行评价，教师也可以参与其中，以此类推，学生可以将整个见习过程都进行讨论和分享。此外，教师也能够通过微博这一平台及时、迅速地向学生发布见习的要求、通知和作业等，借此及时了解学生的实践情况。

从学生角度去想，通常在见习结束之后，都需要写关于此次见习的总结，而用微博进行的见习则为见习总结提供了便利。平时，大学生们就用微博发表关于见习的言论，其中包含了过程中发生的事情以及学生的感悟，比起不用微博进行见习的学生在总结进行回忆时肯定要精确的多，而且也很便利。从教师的角度出发，教师在平时就参与了学生的实践活动，对其实践情况都是相当了解。因而在见习结束后对学生进行见习结果的评定可以依据之前对学生的了解，此外，这个评定也可以通过微博来进行发布，使整个评定公开化、透明化，更让学生信服。

四、基于微博的实习

在实习开始之前，构建一个微博的群组，包含所有的大学生和带队老师，以便在实习过程中进行相互交流和沟通。在实习开始之后，学生们可以实时地进行实践感想和体悟的交流，带队老师也可以通过关注学生的动态来了解其实践情况，以便及时地了解和帮助学生。

比如：来到实践基地的第一天，学生们以我的实习基地为题来表述自己对基地环境的看法，通过这个，同伴们可以相互了解不同的实践情况，带队老师也可以通过学生发表的信息来了解其是否有抵触情绪存在，以便进行及时的辅导。对带队老师而言，教师在平时就关注学生的实践情况，并对个别学生进行开导，能够加深教师和学生的交流和情感。在这基础上，教师对每位大学生都有了一定的了解，避免了教师对他们进行实习评价时的片面性和偏差，使整个评价更加公平、公正，也方便了教师在实习结束的总结工作。

此外，教师可以把学生在微博中发布消息的情况也作为最终成绩评定的一部分，让学生更加积极地发表自己的实践情况。对于大学生而言，一方面用微博进行的实习可以为实习周记的完成提供便利，从微博发布的消息中，可以清楚地了解实习期间所经历的过程，也方便实习总结的完成；另一方面，通过平时的交流和老师以及同学建立良好的关系，进一步拓宽自己的人际圈。

参考文献

[1]高山.微博在师范生实践教学中的应用[D].华东师范大学硕士学位论文，2012.

[2]缪晔.基于情境认知理论的高中英语语法教学[D].上海师范大学硕士学位论文，2012.

[3]姚永聪.高职实践教学体系的构建研究[D].浙江师范大学硕士学位论文，2012.

[4]周素茵，曾松伟，章云.电工电子实践教学模式改革与实践[J].电气电子教学学报，2014，01：103-104+112.

[5]谢霞，路学成，王宾.多位一体改革实践教学模式[J].高等教育研究学报，2014，01：116-119.

[6]雷大军，黄铁铁，姚敏.应用型本科电工电子实践教学体系的构建[J].实验室研究与探索，2014，08：178-180+219.

[7]伍丽媛，梁倩倩.浅谈微博在师范生实践教学中的应用[J].软件导刊（教育技术），2014，09：87-88.

[8]陈洪，陈明学.高校实践教学资源共享策略探讨[J].黑龙江高教研究，2014，10：156-158.

[9]郭靖花.泛在学习环境下高校课堂教学模式创新[J].黑龙江教育（高教研究与评估），2015，01：16-17.

[10]郑钰莹，王辉，李友良.基于创新能力培养的实践教学模式探索[J].教育与职业，2015，02：164-165.

[11]李研.电工电子课程实践教学改革探索[J].亚太教育，2015，09：142.

[12]牛朴.电子电工多元化实践教学体系的建设[J].电子制作，2015，08：167.

[13]裴云，任丽婵.重新认识实践教学的内涵和外延[J].当代教育科学，2015，15：14-16+58.

[14]黄光芳，程志，张子石.泛在学习环境下自主式微博教学情境的设计探究[J].电化教育研究，2015，09：70-76.

[15]孙立辉，王海，于军.地方本科院校电工电子实践教学体系的构建[J].实验室研究与探索，2016，11：213-216+223.

[16]王立新.电工电子技术实践教学模式的构建[J].中国新通信，2016，23：135.

[17]苏毅.泛在学习促进实践教学的教学模式探究以及个案分析[J].轻纺工业与技术，

2016，06：88-91.

[18]魏胜宏，唐红雨，王琳.完善实践教学评价体系促进实践教学质量提升[J].镇江高专学报，2016，04：9-12.

[19]夏云.现代教育技术实践教学的现状分析及改革建议[J].软件导刊（教育技术），2017，01：14-15.

[20]杨保海.基于泛在学习的自主式微博教学情境设计方法探析[J].长春教育学院学报，2017，02：24-26.

[21]黄菊文，乔俊莲，朱昊辰等.加强实践教学内涵建设培养创新性拔尖人才[J].实验室科学，2017，01：220-223.

[22]王骏飞，谭平，王冠中.基于校企合作的实践教学模式改革探索[J].价值工程，2017，10：157-159.

[23]吕晓兰，左敬龙，孙国玺.基于协同创新的自主递进式实践教学模式研究[J].高教学刊，2017，07：16-17.

[24]王乐.中国微博发展中的主要问题及相关对策研究[D].河南大学硕士学位论文，2015.

[25]张斯琦.微博文化研究[D].吉林大学博士学位论文，2012.

[26]侯月姣.泛在学习视域下的实践教学创新模式研究[D].北京邮电大学硕士学位论文，2012.

[27]潘海涵，汤智.大学实践教学体系的再设计[J].中国高教研究，2012，02：104-106.

[28]郝玉柱.本科高等学校实践教学问题探讨[J].中外企业家，2012，02：90-91.

[29]王磊，吴传刚.泛在学习范式的多维探析[J].牡丹江师范学院学报（哲学社会科学版），2012，02：131-132.

[30]李培根，许晓东，陈国松.我国本科工程教育实践教学问题与原因探析[J].高等工程教育研究，2012，03：1-6.

[31]李超，郝玲玲.面向泛在学习的教学资源设计探析[J].中国教育技术装备，2012，18：38-39.

[32]王锦.泛在学习内涵分析[J].西安文理学院学报（社会科学版），2012，04：104-106.

[33]马仕海，张海燕.浅议高校实践教学资源平台的构建[J].山西高等学校社会科学学报，2012，10：85-87.

[34]陈支武，张德容.完善实践教学体系培养应用型创新人才[J].实验室研究与探索，2012，08：167-170+189.

[35]罗芳，程中海.高校实践教学资源整合利用机制研究[J].全国商情（理论研究），2012，24：67-68.

[36]郭志达，华菊翠.面向创新创业能力培养的地方高校实践教学改革研究[J].高等农业教育，2015，11：56-60.

[37]关鑫.论高等教育实践教学体系的构建[J].科技资讯，2015，30：155-156.

[38]马俊，张雅蕊.地方高校实践教学资源整合评价指标体系研究[J].经贸实践，2015，11：246.

[39]丁静静.泛在学习面临的挑战和未来研究重点[J].中国医学教育技术，2016，02：146-149.

[40]张立国，龚爱清.MOOC视域下实践教学特征与模式分析[J].中国职业技术教育，2016，14：62-67.

[41]黄光芳，吴洪艳，金义富.泛在学习环境下SPOC有效教学的实践与研究[J].电化教育研究，2016，05：50-57.

[42]张玉红，刘航.电子信息专业电工电子实践教学体系的构建[J].科技经济导刊，2016，09：162-163.

[43]王春梅.产教融合下实践教学模式的研究与实践[J].中国医学教育技术，2016，05：516-519.

[44]王一卉.高职电工电子实践教学的现状与研究[J].科技创新导报，2016，21：155-156.

[45]陈姿伊.泛在学习云服务平台的设计与实现[D].湖南大学硕士学位论文，2016.

[46]好卓娜.建构主义学习理论在钢琴教学中的应用研究[D].中国音乐学院硕士学位论文，2016.

[47]郭志雄.电工电子实践教学改革的探索与实践[J].教育与职业，2013，02：155-156.

[48]程中海，罗芳.高校实践教学资源整合利用研究[J].改革与开放，2013，02：159-160.

[49]刘志选.论网络环境下高职实践教学资源建设的创新[J].黑龙江高教研究，2013，06：159-161.

[50]时伟.论大学实践教学体系[J].高等教育研究，2013，07：61-64.

[51]尤晓玲，马应魁，马莉.实践教学评价体系的改革与实践[J].中国电力教育，2013，22：172-173+183.

[52]贾芳云，雷艳惠，王大为.高职学校实践教学资源共享的思考[J].教育教学论坛，2013，45：208-209.

[53]周鹏琴.基于智能手机的泛在学习应用[J].中国教育技术装备，2013，33：24-26+29.

[54]程艺.独立学院实践教学模式创新研究[D].天津大学硕士学位论文，2012.

[55]欧阳泓杰.面向创新创业能力培养的高校实践教学体系研究[D].华中师范大学硕士学位论文，2014.

[56]焦玉国，耿桂红，宋志民.加强实践教学内涵建设提高学生创新能力[J].实验技术与管理，2011，03：224-227.

[57]王浩.面向终身教育的泛在学习教学设计模式探析[J].理论导刊，2011，05：87-88+92.

[58]张红光，李雨竹，袁亚丽.加强实践教学内涵建设培养应用型创新人才[J].实验室研究与探索，2011，08：139-142.

[59]赵春青，姜咏芳，刘玉升.加强实践教学资源建设，提高学生综合实践能力[J].实验技术与管理，2011，11：161-163.

[60]宁通.联通主义学习理论视角下大学生自主学习能力培养研究[D].郑州大学硕士学位论文，2015.

[61]徐亚苹.泛在学习背景下大学生数字化学习能力的培养研究[D].江苏师范大学硕士学位论文，2014.

[62]陈丽.电工电子实践教学模式的创新与实践[J].中国电力教育，2009，09：140-141.

[63]李卢一，郑燕林.泛在学习的内涵与特征解构[J].现代远距离教育，2009，04：17-21.

[64]雷群安.高校实践教学存在的问题及对策研究[J].焦作师范高等专科学校学报，2010，

01：58-60.

[65]潘基鑫，雷要曾，程璐璐.泛在学习理论研究综述[J].远程教育杂志，2010，02：93-98.

[66]冯小安.实践教学评价指标体系的构建与实施[J].中国电力教育，2010，13：125-126.

[67]杨瑞军.实践教学评价体系的研究[J].机械管理开发，2010，04：158+161.

[68]钱广荣.实践教学需要解决的几个认识问题[J].思想理论教育导刊，2010，07：72-73.

[69]安云初.独立学院实践教学资源的特点及其优化配置[J].湘潮（下半月），2010，06：66-67+71.

[70]陈鹏勇.创新实践教学模式培养高素质创新人才[J].中国大学教学，2010，05：83-85.

[71]郭水兰.实践教学的内涵与外延[J].广西社会科学，2004，10：186-187.

[72]刘雅绒.基于能力导向下的高职实践教学模式研究[D].西南大学硕士学位论文，2011.

[73]王雷.实践性教学模式初探[J].山东省青年管理干部学院学报，2006，05：103-105.

[74]陈锦坤，孙正国.实践教学资源建设与管理机制[J].中国农业教育，2005，04：41-42+40.

[75]李树林.技术本科教育实践教学体系研究[D].华东师范大学硕士学位论文，2009.

[76]应俊，黄沛昱，刘双临.电工电子实验实践教学体系建设与实践[J].西部素质教育，2017，09：6+12.

[77]刘子恒.非正式学习共同体知识共享机制研究[D].华中师范大学博士学位论文，2012.

[78]杨保海，陆璐."互联网+"对高等院校教育改革的影响[J].黑龙江畜牧兽医，2017(6)：248-250.

[79]杨保海，徐晓冰.基于交互式教学的电工电子学课程创新举措[J]. 消费电子，2014(6)：209-210.

[80]杨保海，张惠敏.高等院校在线课程建设模式的实践及改革探析[J].黑龙江畜牧兽医，2016(17)：259-261.